생활속 세금이야기

김정민 · 김영화

탑21 BOOKS

머리말

이 책은 학생들이 졸업 후 사회에서 경험하게 될 주요한 세금에 대한 이해를 높이고자 집필되었다. 구체적으로는 세금을 왜 내야 하는 지에 대한 사회적 합의를 시작으로 세금의 원칙과 기본용어 등의 조세의 일반론에 대하여 우선 설명하였다. 이후 소득세, 부동산 관련세금, 상속 및 증여세, 부가가치세 등 우리 사회의 구성원으로서 일상적으로 경험할 수 있는 주요 세금들의 개념과 계산구조와 아울러 절세 방안에 대해서도 설명하였다.

세금은 국가를 운영하는데 필요한 재원을 조달하는 주요 수단이다. 국가는 납세를 통해 모여진 세금으로 고용 · 복지 · 교육 정책의 수행과 국방 및 소득재분배, 경기안정 등을 위한 거시경제정책 등을 수행한다. 이와 같이 세금은 국민의 생활에 지대한 영향을 끼친다. 따라서 납세의 의무는 우리가 풍요로운 사회를 누리는 대가이자, 국민으로서의 기본적인 의무이다.

그러나 국가의 비용을 공동으로 부담한다는 명분은 있지만, 납세자에게는 납부된 세금에 대한 직접적인 반대급부가 없는 만큼 과세권자의 권리가 남용되지 않도록 납세에 대한 우리 사회의 공감대와 이해는 필수적이다. 또한 세금에 대한 지식에 기초하여 경제생활을 영위한다면 우리 사회의 당당한 구성원이 됨과 동시에 세금을 절약할 수도 있을 것이다. 이 책이 우리 학생들의 세금에 대한 이해와 지식 형성에 조금이나마 보탬이 되었으면 하는 바람이다.

2025년 6월

저자 일동

목 차

CHAPTER 01 생활 속의 세금

CHAPTER 02 세금의 결정과 납부

CHAPTER 03 소득과 세금

CHAPTER 09 증여세

CHAPTER 10 상속과 세금

CHAPTER 11 납세자보호제도

제02절 세무조사와 납세자권리보호 • 197

제03절 납세자 권리구제 • 203

제04절 탈세제보 • 208

chapter 01

생활 속의 세금

contents

제 01 절 세금이란 무엇인가?

1. 세금의 개념과 특징

프랑스의 계몽주의 철학자 몽테스키외는 1748년에 출간한 「법의 정신」에서 세금을 "자유의 대가로 국가에 지급하는 것"이라고 정의하였다. 우리나라는 세금에 대한 실정법적 정의를 가지고 있지 않다. 하지만 헌법 제 38조에 "모든 국민은 법률이 정하는 바에 의하여 납세의 의무를 진다"라고 하여 세금을 납부해야 하는 것을 국민의 의무로서 명확히 규정하고 있다. 또한 우리나라의 헌법재판소에서도 세금을 "국가가 재정수요를 충족시키기 위하여 반대급부 없이 법률에 규정된 요건에 해당하는 모든 자에 대하여 일반적 기준에 의하여 부과하는 금전급부"로

정의하였다.[1)]

이와 같이 세금은 국가의 살림살이에 필요한 재원을 조달할 목적으로 국민으로부터 직접적인 반대급부 없이 징수하는 금품을 일컫는다. 이러한 개념을 기초로 세금의 특징을 열거하면, 다음과 같다.

첫째, 세금의 부과 주체는 국가 또는 지방자치단체이다. 세금은 국가 또는 지방자치단체의 과세권에 기반하여 국민을 대상으로 부과하는 것으로, 만약 부과하는 주체가 국가나 지방자치단체가 아니라면 이는 세금이라고 할 수 없다. 예를 들어, 소득세나 부가가치세는 국가가 부과하기 때문에 세금이지만, TV 수신료나 적십자회비는 부과 주체가 국가나 지방자치단체가 아니므로, 세금이라 할 수 없다.

둘째, 세금은 국가의 살림살이에 필요한 재원을 조달할 목적으로 징수된다.

셋째, 세금은 법률에 정해진 과세요건을 충족하는 경우에 한해서 부과된다. 헌법 제 59조에는 "조세의 종목과 세율은 법률로 정한다"라고 규정되어 있다. 이를 「조세법률주의」라고 하는데, 이 원칙에 따라 세금을 누가, 얼마나 내야 하는지는 법률에 따라 결정된다.

넷째, 세금은 직접적인 반대급부 없이 징수된다. 통상적인 거래의 경우라면, 거래당사자들 간에 무언가를 서로 주고받는 것이 당연하다. 그러나 세금의 경우에는 과세요건을 충족한 국민이 세금을 납부하는 것으로, 과세요건이 충족되지 않은 경우 세금을 납부하지 않는다. 그리고 세금을 아무리 많이 납부하더라도 국가나 지방자치단체는 그에게 직접적인 반대급부, 즉 세금의 대가를 지급하지 않는다. 다시 말하면, 국민은 국가로부터 공교육이나 치안, 국방 등의 공적인 서비스를 제공받지만, 이러한 공적 서비스는 국민 각자가 낸 세금만큼 비례

1) 헌법재판소 2001.4.26. 선고 99헌바39 전원재판부 결정

적으로 제공받지 않는다는 의미이다.

다섯째, 세금은 현금으로 납부하는 것을 원칙으로 한다. 개인의 사정에 따라 토지나 주식 등의 물납이 허용되기도 하지만, 이는 엄격한 규칙에 근거한 예외일 뿐, 세금은 원칙적으로 현금으로 납부해야 한다.

알고가기 **전기세? 전기요금! 수도세? 수도요금!!!**

주위에서 전기나 수돗물을 사용하고 내는 요금을 여전히 전기세 혹은 수도세라고 부르는 경우를 흔히 볼 수 있다. 하지만, 전기세 혹은 수도세는 엄밀한 의미에서 세금이 아니다. 세금은 국가나 지방자치단체가 공적 경비를 조달할 목적으로 직접적인 반대급부 없이 국민으로부터 강제로 징수하는 것이고, 개인의 필요에 따라 특정 재화나 용역을 사용하고 내는 대가는 요금이라고 한다. 따라서 전기나 수도를 사용한 만큼 지급하는 대가는 전기세나 수도세가 아닌 전기요금, 수도요금이라고 하는 것이 올바른 표현이다.

알고가기 **4대 보험?**

흔히들 국민연금, 건강보험, 고용보험, 산재보험을 일컬어 4대 보험이라고 한다. 4대 보험은 사회보장제도의 일환으로, 엄밀한 의미에서 세금은 아니지만 요건이 충족된다면 당연히 내야 하는 의무보험이기 때문에 준조세라고 볼 수 있다.

2. 세금의 주체

앞서 세금을 부과하는 주체는 국가 또는 지방자치단체라고 하였다. 그렇다면, 세금을 내야하는 주체는 누구인가? 우리나라 헌법 제38조에서는 "모든 국민은 법률이 정하는 바에 의하여 납세의 의무를 진다"고 정하고 있다. 이는 세금을 내야하는 주체는 모든 국민이라는 것을 의미하며, 여기에는 자연인뿐만 아니라 법인, 국내에 재산이 있거나 과세대상이 되는 행위를 한 외국인도 포함한다.

세금을 납부하는 사람을 납세자라 하고, 납세자는 납세의무자와 징수의무자로 구분할 수 있다. 납세의무자는 세금을 납부할 의무가 있는 개인 또는 법인으로 세금의 주체를 말한다. 징수의무자는 세금을 내야 할 사람으로부터 세금을 거두어 납부하는 주체로서, 원천징수의무자와 거래징수의무자가 있다. 원천징수란 상대방에게 소득 또는 수입금을 지급하면서 그 소득 또는 수입금을 받는 자가 내야 할 세금을 미리 떼어서 대신 내는 제도이다. 예를 들면, 기업이 종업원에게 임금을 지급하면서 근로소득세를 원천징수하여 공제하는데, 이 때 기업은 원천징수의무자가 된다. 사업자가 재화나 용역을 공급하는 때에 그 공급을 받는 자로부터 세금을 징수하는 것을 거래징수라고 하는데, 이때의 사업자를 거래징수의무자라고 한다. 거래징수 세금의 대표적인 예로는 부가가치세가 있다.

그림 1 납세자의 구분

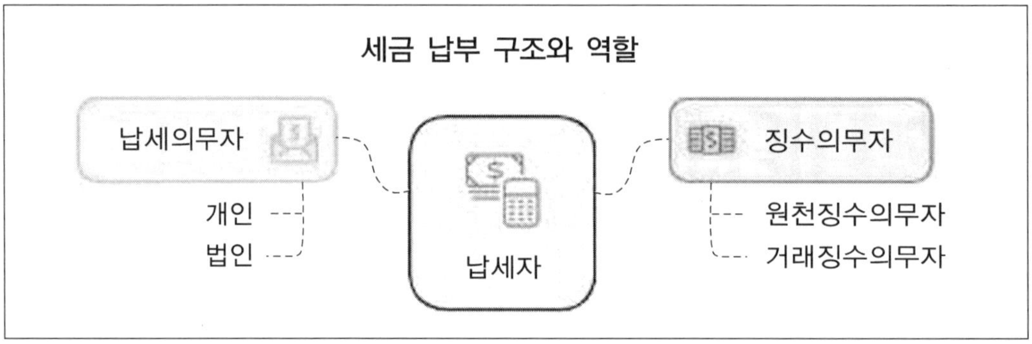

모든 국민에게는 이와 같이 납세의 의무가 주어져 있다. 그러나 동시에 국가의 자의적인 과세에 대응하여 자신의 재산을 보호할 권리도 부여되어 있다. 다만, 주어진 권리를 제대로 행사하지 못할 경우 보호받지 못할 수도 있으므로 주의해야 한다.

우리나라의 헌법에서는 모든 국민에 대해 납세의 의무를 규정하고 있지만, 왜 세금을 내야 하는 지에 대한 충분한 설명은 없다. 따라서 세금의 주체인 스스로가 납세의 이유에 대해서 생각해 볼 필요가 있다.

제 02 절 세금의 기능

세금의 본질적인 기능은 국가 또는 지방자치단체의 재정수요 충족을 위해 국민이 소유하고 있는 재산이나, 경제활동으로 번 소득, 그리고 지출하는 소비로부터 정부가 필요로 하는 재원을 조달하는 것이다. 또한 세금은 소득의 재분배 등 경제적, 사회적 정책을 실현하기 위한 수단으로도 활용될 수 있다. 다음은 이러한 관점에서 조세의 기능을 살펴본다.

1. 재원 조달의 기능

세금의 본질적인 기능은 정부의 제반 기능을 수행하기 위해 필요한 재원을 조달하는 것이다. 정부는 국방, 치안, 교육, 사회복지 및 사회 인프라 구축 등 공공서비스를 제공하는 재정 활동을 수행한다. 정부의 재원 조달 수단으로는 세금 외에도 부담금, 재산수입, 사용료, 수수료 등이 있지만, 이 중에서 가장 핵심이 되는 것은 세금으로 인한 수입, 즉 조세수입이다. 이는 우리나라뿐만 아니라 오늘날 대부분의 국가에서 세금을 정부 재정의 주된 수입원으로 활용하고 있다.

2. 경제정책 및 사회정책의 기능

(1) 소득과 부의 재분배

세금은 사회보장지출 등 재정지출과 함께 소득과 부를 재분배하는 기능을 수행한다. 세금은 일반적으로 누진적(progressive), 역진적(regressive), 비례적(proportional) 조세로 구분할 수 있다. 누진적 조세란 납세자의 소득, 소비, 자산 등의 과세기반이 증가할수록 세율도 상승하는 조세를 말한다. 이와는 반대로 과세기반이 증가할수록 세율이 하락하는 조세를 역진적 조세라고 하며, 과세기반이 증가하더라도 세율이 변하지 않는 조세를 비례적 조세라고 말한다.

조세정책의 관점에서 소득재분배의 직접적인 수단이 되는 세금은 누진적 조세이다. 누진적 조세의 대표적인 예로는 소득세를 들 수 있다. 소득세는 세율의 구조를 누진적으로 설계하여 고소득층의 소득대비 세부담은 증가하도록 하고 저소득층의 소득대비 세부담은 상대적으로 작아지도록 하였다. 결과적으로 세금을 부과함에 있어 고소득층과 저소득층간의 가처분소득의 격차는 감소하도록 하여 이를 통해 소득재분배의 기능을 수행하게 된다. 다만 명목세율의 누진적인 설계와는 별개로 각종 소득공제와 세액감면, 세액공제 등의 적용으로 실제 조세를 통한 소득재분배 효과의 크기는 달라질 수 있다.

(2) 거시경제의 안정화

거시경제 안정화는 경기의 진폭을 완화하는 것을 의미한다. 정부는 경기의 안정화를 위해 다양한 정책 수단을 활용할 수 있다. 재정정책의 측면에서는 경기침체기에 재정지출을 확대하고, 세율인하, 조세감면 등을 통해 조세수입 증가율을 둔화시킴으로써 경기 부양을 도모할 수 있다. 반대로 경기 상승기에는 지출억제 및 세율인상, 감면축소 등을 통해 경기과열을 막을 수 있다. 이러한 정책을 재량적 재정정책이라 하며, 조세는 이러한 재량적 재정정책의 수단이 될 수 있다.

반면 정부가 인위적으로 경기 상황에 대응하지 않더라도 자동적으로 재정지출과 재정수입이 변동함으로써 경기 변동성이 완화되는 기능을 재정의 자동안정화 장치라 한다. 자동안정화 장치는 경기 불황이나 경기 호황기에 정부가 의도적으로 재정지출과 세율을 변경시키지 않더라도 자동적으로 재정지출과 조세수입이 변동하여 경기변동의 진폭을 완화시켜 주는 기제이다. 자동안정화장치는 재량적 재정정책에 비해 경기 하락기에는 확장적으로, 경기 상승기에는 긴축적으로 작동하여 장기적 재정건전성 유지를 돕는다. 조세의 경기 안정화 기능은 조세수입의 규모가 크고, 누진도가 높을수록 더욱 커진다.

(3) 시장실패의 교정

시장실패를 교정하는 것 역시 조세의 기능 중 하나이다. 시장실패란 개별 경제주체의 의사결정에만 의존할 경우 사회 전체의 후생이 극대화되지 못하고 자원배분의 효율성도 성립되지 못하는 수준에서 경제활동이 이루어지는 상황을 말한다.

시장실패를 야기하는 원인 중 하나는 외부경제(externalities)의 존재이다. 외부경제는 한 경제주체의 행위가 다른 경제주체의 행위에 영향을 끼치지만 시장가격에는 반영되지 않는 것을 의미한다. 예를 들어 어떤 공장이 강으로 오염물질을 배출했다고 하자. 그리고 그 강의 하류에는 식당이 있다고 하자. 식당은 오염된 강으로 인해 영업에 지장을 받지만 공장으로부터 배상을 받지 못하므로 부정적인 외부성, 즉 외부불경제가 초래된다. 강에 방류된 오염물질은 강을 오염시켜 주변의 상권뿐만 아니라 일반 시민의 건강을 해친다. 그러나 오염을 유발한 공장이 지불하는 비용은 사회가 부담해야 하는 비용보다 작다. 이와 같이 사회적 비용이 가격의 결정에 있어 제대로 반영되지 않는 외부불경제가 존재하는 등 시장이 자원을 효율적으로 배분하지 못하는 상황이 존재하는 경우 조세를 통해 시장실패를 보완할 수 있다. 오염물질의 배출에 대한 추가적인 조세를 부과함으로써 이를 억제하는 효과를 거둘 수 있다. 반대로 긍정적인 외부경제의 예로는 연구개발 투자를 들 수 있다. 연구개발 활동은 성공할 경우 사회 전체에 긍정적 파급효과를 유발하지만 기술개발에 소요되는 비용과 높은 실패 확률로 인해 시장에 맡겨둘 경우 과소 공급이 이루어질 수 있다. 이에 정부는 연구개발에 대한 조세지원을 제공함으로써 관련 투자 확대를 유도할 수 있다.

제 03 절 세금의 분류

1. 세금의 종류

우선 우리가 어떤 세금을 내야 하는지 직장인 김 한국 씨의 인생을 통해 알아보자. 대한민국 국민인 김 한국 씨는 대학을 졸업하고 한 중견기업에 입사하였다. 입사 후, 매월 받는 급여 중 생활비를 제외한 일부를 저축하기도 하고 주식에 투자하기도 하였다. 김 한국 씨는 높은 영업실적으로 회사에서 표창장과 상금을 받기도 하였고, 자신만의 독특한 영업노하우에 대해서 특강을 진행하여 강의료를 받기도 하였다. 노후를 위해 연금에도 가입하였다. 어느덧 세월이 흘러 50대 중반에 명예퇴직을 권고 받아 퇴직한 후, 자영업을 시작하였다. 사업은 성공적이었고, 상가도 한 채 구입하여 매월 월세를 받았다. 자녀들을 결혼시킨 후, 가지고 있던 상가를 처분하고 최소 자금만 남긴 채 나머지는 사회에 전부 환원하기로 하였다. 이상의 사례에서 김 한국 씨는 과연 어떤 세금을 부담하게 될까? 김 한국 씨가 내야 하는 세금은 다음과 같다.

근로소득세	회사에서 받은 급여, 즉 근로소득에 대한 세금
이자소득세	저축한 은행에서 받은 이자소득에 대한 세금
배당소득세	주식투자한 회사에서 받은 배당소득에 대한 세금
기타소득세	회사에서 받은 상금과 강의료의 기타소득에 대한 세금
퇴직소득세	명예퇴직을 하며 받은 퇴직소득에 대한 세금
사업소득세	개인사업자가 벌어들인 소득에 대한 세금
임대소득세	부동산 임대소득에 대한 세금
양도소득세	상가를 처분하면서 얻은 양도차익에 대한 세금
연금소득세	가입한 연금에서 받은 연금소득에 대한 세금

김 한국 씨의 사례는 경제활동을 하면서 벌어들인 소득이나 차익에 대해서 어떤 형태로든 세금을 내야 하고, 이는 결국 거의 모든 경제활동이 세금으로 이어진다는 것을 보여준다. 또한 김 한국 씨는 지출하는 소비, 소유하게 되는 재산으로부터도 세금을 내야 한다. 여기에서 우리가 돈을 버는 과정에서 내는 세금을 「소득과세」, 돈을 쓰는 과정에서 내는 세금을 「소비과세」, 그리고 재산을 소유하는 과정에서 내는 세금을 「재산과세」라고 한다.

개인은 앞의 김 한국 씨의 사례와 같이 경제생활 속에서 다양한 세금을 만나게 되는데, 여기에서는 세금의 주요한 분류에 대해서 알아보자.

2. 세금의 분류

세금은 부과하는 주체, 과세의 방법, 과세의 대상 등에 따라 다양하게 분류할 수 있다. 여기에서는 대표적인 세금의 분류에 대해서 다룬다.

(1) 국세와 지방세

세금은 부과하는 주체에 따라 국세와 지방세로 나눌 수 있다. 앞서 우리는 세금의 부과주체는 국가 또는 지방자치단체라고 하였다. 국세는 중앙정부가 부과, 징수하는 세금으로 국방이나 치안, 교육, 사회간접자본(Social Overhead Capital ; SOC)의 건설 등과 같은 국민 전체의 이익을 위하여 사용된다. 국세는 다시 내국인의 소득이나 거래에 대하여 부과되는 내국세와 외국으로부터 물품을 수입할 때 부과되는 관세로 구분된다. 내국세의 부과, 감면 및 징수에 관한 사무를 관장하는 기관은 국세청으로 산하에 지방국세청과 세무서를 설치하고, 소득세, 부가가치세, 상속세, 증여세 등의 국세를 부과, 징수한다. 2024년 말 현재 국세청 산하에는 7개의 지방국세청과 133개의 세무서가 있다. 관세를 담당하는 관세청은 산하기관으로 2024년 말 현재 7개의 본부세관을 포함한 34개의 세관을 설치하고 있다.

지방세는 특별시, 광역시 및 도를 비롯한 시 · 군 · 구 등의 지방자치단체가 부과, 징수하는 세금으로 해당 지역의 상 · 하수도 설비, 교통 및 복리후생 등 지역주민의 이익과 발전을 위하여 사용된다.

〈표 1〉 지방국세청의 관할구역

시 · 도명	세무관서명	관할구역
서울	서울지방국세청	서울특별시 전체
경기	중부지방국세청	경기도 일부, 강원도(철원군 제외)
인천	인천지방국세청	인천권(인천, 김포, 부천, 광명), 경기 북부권(의정부, 양주, 포천, 동두천, 연천, 철원, 고양, 파주)
대전	대전지방국세청	대전광역시 및 충청남 · 북도, 세종특별자치시
광주	광주지방국세청	광주광역시, 전라남도 · 북도 전체
대구	대구지방국세청	대구광역시, 경상북도
부산	부산지방국세청	부산광역시, 울산광역시, 경상남도, 제주특별자치도

(출처 : 국세청 홈페이지, https://www.nts.go.kr)

⑵ 독립세와 부가세

세금은 부과하는 방식에 따라 독립세와 부가세(surtax)로 분류할 수 있다. 독립세는 다른 조세와 상관없이 독자적으로 부과되는 세금인 반면, 부가세(surtax)는 부과된 독립세를 기준으로 추가적으로 부과되는 세금이다.

예를 들면, 예금의 이자소득세는 14%이지만, 부가세인 지방소득세가 이자소득세의 10%로 추가되어, 최종적으로 15.4%의 세율로 부과된다. 이 때 지방소득세가 부가세의 한 예이다. 부가세에는 지방소득세 외에도 농어촌특별세, 교육세, 지방교육세 등이 있다.

⑶ 직접세와 간접세

직접세란 세금을 납부하는 납세의무자와 세금을 실질적으로 부담하는 담세자가 일치하는 세금으로, 소득세, 법인세, 증여세, 상속세 등이 이에 해당한다.

간접세는 납세의무자와 담세자가 일치하지 않는 세금으로 부가가치세, 개별소비세, 주세 등이 있다. 우리나라의 사업자는 재화나 용역을 공급하면서 이들을 공급 받는 소비자로부터 부가가치세를 징수하여 납부한다. 이 때 부가가치세의 납세의무자는 사업자가 되지만, 부가가치세의 실질 담세자는 소비자로, 부가가치세는 간접세의 대표적인 사례이다.

⑷ 목적세와 보통세

세금의 용도가 특정되어 있는지의 여부에 따라 보통세와 목적세로 구분할 수 있다. 목적세는 용도가 정해진 세금으로, 현행 국세 중 교육세(교육기반 확충 목적), 교통 · 에너지 · 환경세(교통시설 확충, 에너지 관련 사업, 환경보전 및 개선 목적), 농어촌특별세(농어촌산업기반시설 확충 목적)가 있다. 지방세인 지방교육세와 지역자원시설세도 목적세에 해당한다.

보통세는 세수의 용도를 특정하지 않고 일반적인 재정수요에 충당하는 조세로, 대부분의 국세와 지방세가 보통세에 해당한다.

3. 우리나라의 조세체계

현행 우리나라 조세의 종목은 총 25개로 국세 세목이 14개, 지방세 세목이 11개이다. 국세는 1세목 1세법주의에 따라 개별 세목을 각각의 세법에서 규정하는데, 예외적으로 상속세와 증여세는 「상속세및증여세법」에서 규정하고 있다. 내국세에 해당하는 13개 세목은 국세청 소관으로 부과·징수된다. 내국세 중 5개는 직접세(소득세, 법인세, 상속세, 증여세, 종합부동산세), 5개는 간접세(부가가치세, 개별소비세, 증권거래세, 인지세, 주세), 3개는 목적세(교통·에너지·환경세, 교육세, 농어촌특별세)로 구분할 수 있다. 관세는 국경을 통과하는 수출입 품목에 부과하는 조세로서, 관세청 소관으로 부과·징수된다.

지방세는 1세법 다세목주의에 따라 「지방세법」에서 11개 세목에 대한 과세체계를 규정하고 있다. 지방세 중 지역자원시설세와 지방교육세는 목적세에 해당하며, 그 외 9개 세목은 재원의 용도가 특정되지 않은 보통세에 해당한다. 국세와 달리 지방세의 과세권은 세목별로 지방자치단체에 배분되어 있다. 징수주체별로 지방세를 구분하면 특별시 및 광역시는 총 9개 세목(취득세, 레저세, 담배소비세, 지방소비세, 주민세, 지방소득세, 자동차세, 지역자원시설세, 지방교육세)에 대해 과세권을 갖는다. 도(道)는 총 6개 세목(취득세, 등록면허세, 레저세, 지방소비세, 지역자원시설세, 지방교육세)에 대하여 과세권이 있다. 시·군은 총 5개의 세목(담배소비세, 주민세, 지방소득세, 재산세, 자동차세)에 대한 과세권이 있으며, 자치구는 등록면허세, 재산세에 대해 과세권을 갖는다.[2)]

---

2) 세종특별자치시와 제주특별자치도의 경우 광역자치단체와 기초자치단체로 구분되지 않기 때문에 지방세 세목 11개 모두에 대하여 과세권을 갖는다(「지방세기본법」 제8조 제5항).

그림 2 우리나라의 현행 조세체계

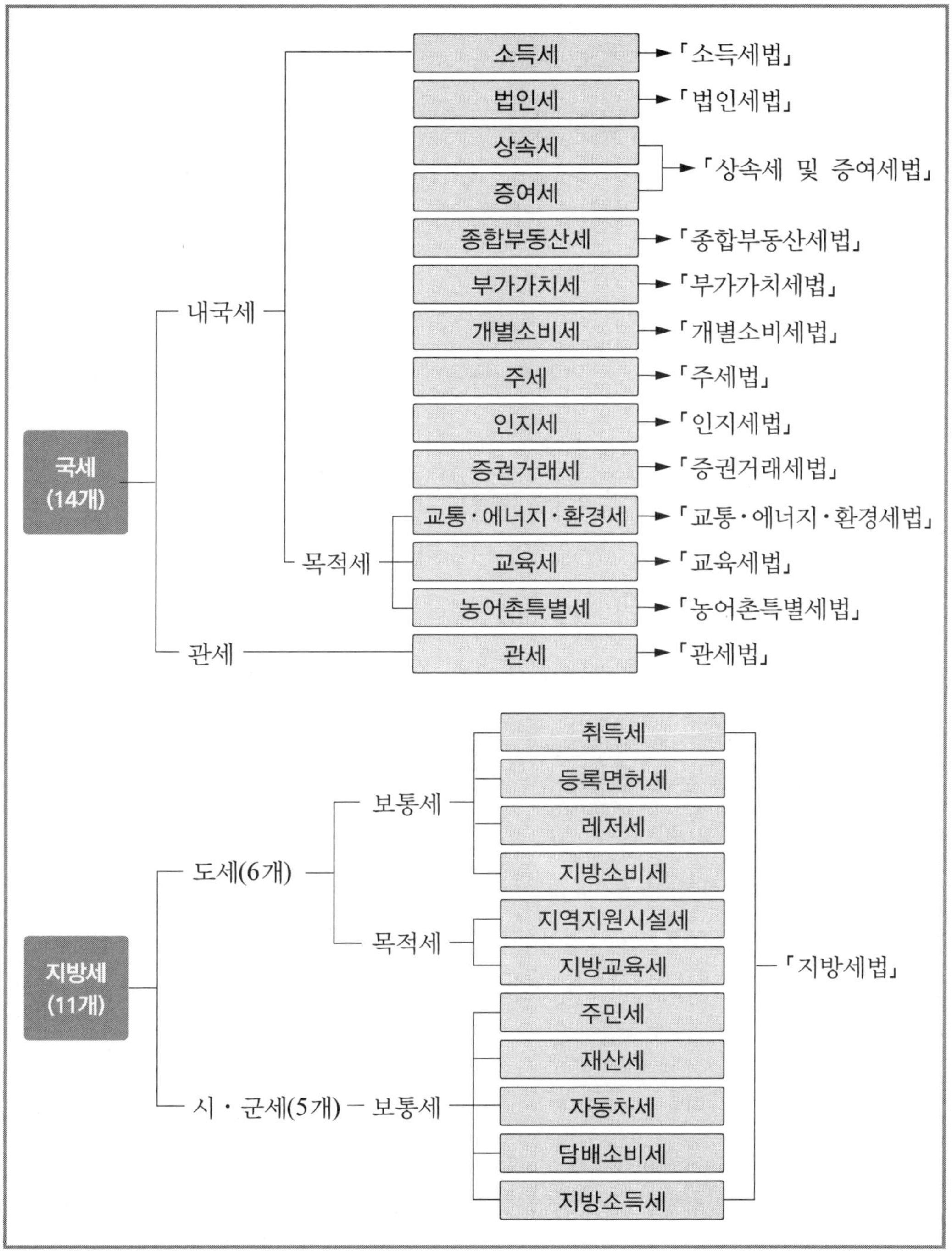

(출처 : 2023 대한민국 조세, 국회예산정책처)

제 04 절 우리나라 세금의 추이

1. 조세부담률과 국민부담률

조세부담률은 국민의 조세부담 정도를 측정하는 지표로서 국세 및 지방세를 합한 조세수입을 명목GDP(국내총생산)[3]로 나눈 비율을 백분율로 나타낸 것이다. 조세부담률은 국민경제에 있어서 조세수입이 차지하는 비중을 보여주는 거시경제지표로서, 재정 규모를 세입의 관점에서 파악하는 용도로 활용된다.

국민부담률은 조세부담률의 조세수입에 국민연금을 포함한 공적연금 및 사회보험 납부액 등의 사회보장기여금을 더한 국민부담액을 명목GDP로 나눈 비율을 백분율로 나타낸 것이다. 조세뿐만 아니라 사회보장기여금을 포함한 국민의 부담 수준을 확인하기 위해서는 국민부담률 지표를 활용해야 한다.

우리나라의 조세부담률은 2012년 17.8%에서 2021년 22.1%로 꾸준히 상승하였다. 2021년 OECD 회원국 38개국의 평균 조세부담률은 25.0%, G7 평균은 25.7%로 우리나라의 조세부담률은 이들과 비교할 때 여전히 낮은 편이지만, 그 차이가 점차 줄어들고 있다. 우리나라의 국민부담률은 2012년 23.7%에서 사회보장기여금 증가의 영향을 받아 2021년 29.9%로 상승하였다. 2021년 우리나라의 국민부담률은 OECD 평균 국민부담률 34.1%와 G7 평균 36.3%와 비교하면 상대적으로 낮은 수준이지만, 이 또한 조세부담률과 마찬가지로 차이가 점차 축소되고 있다.

---

3) 국내총생산(Gross Domestic Product, GDP)은 국가의 경계 내에서 가계, 기업, 정부 등 모든 경제주체가 일정기간 동안 생산한 재화 및 서비스의 부가가치를 시장가격으로 평가하여 합산한 것으로 여기에는 비거주자가 제공한 노동, 자본 등 생산요소에 의하여 창출된 것도 포함한다(출처 : 통계용어 · 지표의 이해, 2015년).

〈표 2〉 조세부담률 추이

구분	2012년	2013년	2014년	2015년	2016년	2017년	2018년	2019년	2020년	2021년
한국	17.8%	17.0%	17.1%	17.4%	18.3%	18.8%	19.9%	19.9%	20.0%	22.1%
OECD평균	23.6%	23.8%	24.1%	24.1%	24.7%	24.5%	24.5%	24.5%	24.3%	25.0%
G7평균	24.1%	24.4%	24.6%	24.8%	24.9%	25.1%	25.0%	25.0%	25.2%	25.7%

(출처 : 2023 대한민국 조세, 국회예산정책처)

〈표 3〉 국민부담률 추이

구분	2012년	2013년	2014년	2015년	2016년	2017년	2018년	2019년	2020년	2021년
한국	23.7%	23.1%	23.4%	23.7%	24.7%	25.4%	26.7%	27.2%	27.7%	29.9%
OECD평균	32.3%	32.6%	32.8%	32.9%	33.6%	33.3%	33.5%	33.4%	33.6%	34.1%
G7평균	34.3%	34.7%	34.9%	35.2%	35.3%	35.6%	35.5%	35.4%	35.9%	36.3%

(출처 : 2023 대한민국 조세, 국회예산정책처)

2. 최근 10년간의 우리나라 조세수입 및 납세인원 추이

우리나라의 국세 및 지방세 수입의 최근 10년간의 추이는 <표 4>와 같다. 2014년을 시작으로 지난 10년간의 국세 및 지방세 수입은 증가하는 추세에 있는데, 특히 국세의 증가추세가 지방세에 비해 상대적으로 더 큰 것을 알 수 있다. <표 5>는 국세 중에서 비중이 큰 3가지 세목, 즉 소득세, 법인세, 부가가치세의 지난 10년간의 수입금액과 비중을 보여 주고 있다. 2023년 현재 우리나라 국세 수입의 약 34.5%가 소득세로, 가장 큰 비중을 차지하고 있다. 반면 부가가치세의 비중은 지난 10년간 감소하고 있는 추세이다.

<표 6>에서는 우리나라의 납세 인원의 추이를 보여주고 있는데, 2013년 14,223,703명이었던 인원이 2022년에는 24,138,837명으로 크게 증가하였음을 알 수 있다.

〈표 4〉 최근 10년간 국세 및 지방세 수입 추이

(금액 단위 : 백만원)

연도	2014년	2015년	2016년	2017년	2018년
국세	195,727,144	208,161,525	233,329,122	255,593,190	283,535,518
지방세	61,725,013	70,977,815	75,531,651	80,409,137	84,318,258
연도	2019년	2020년	2021년	2022년	2023년
국세	284,412,645	277,275,291	334,471,443	384,249,472	335,672,348
지방세	90,460,408	102,048,782	112,798,430	118,570,661	112,460,899

(출처 : KOSIS 국가통계포털 https://www.kosis.kr)

그림 3 최근 10년간 국세 및 지방세 수입 추이

(금액 단위 : 십억원)

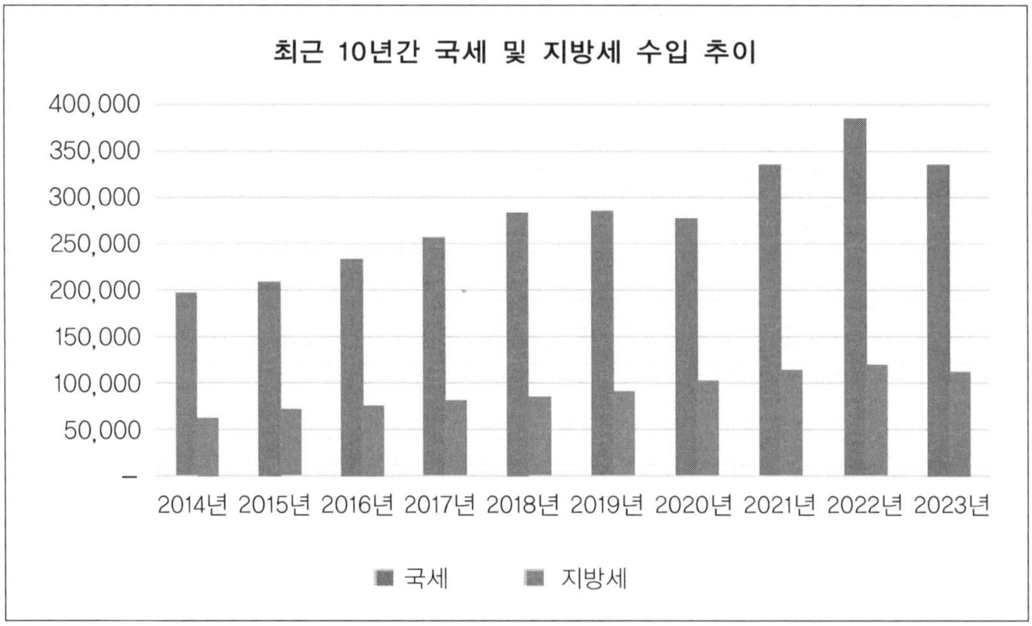

〈표 5〉 최근 10년간 국세 세목별 추이

(금액 단위 : 백만원)

연도	2014년	2015년	2016년	2017년	2018년
국세	195,727,144	208,161,525	233,329,122	255,593,190	283,535,518
소득세	53,325,218	60,721,762	68,497,047	75,065,760	84,461,613
법인세	42,650,317	45,029,483	52,115,420	59,176,597	70,937,351
부가가치세	57,138,799	54,159,097	61,828,203	67,086,975	70,009,108
국세	100.0%	100.0%	100.0%	100.0%	100.0%
소득세	27.2%	29.2%	29.4%	29.4%	29.8%
법인세	21.8%	21.6%	22.3%	23.2%	25.0%
부가가치세	29.2%	26.0%	26.5%	26.2%	24.7%
연도	2019년	2020년	2021년	2022년	2023년
국세	284,412,645	277,275,291	334,471,443	384,249,472	335,672,348
소득세	83,561,998	93,108,723	114,112,339	128,748,596	115,833,024
법인세	72,174,278	55,513,201	70,396,282	103,570,360	80,419,515
부가가치세	70,828,268	64,882,907	71,204,565	81,626,608	73,774,862
국세	100.0%	100.0%	100.0%	100.0%	100.0%
소득세	29.4%	33.6%	34.1%	33.5%	34.5%
법인세	25.4%	20.0%	21.0%	27.0%	24.0%
부가가치세	24.9%	23.4%	21.3%	21.2%	22.0%

(출처 : KOSIS 국가통계포털 https://www.kosis.kr)

▼ 그림 4 최근 10년간 국세 세목별 추이

(금액 단위 : 십억원)

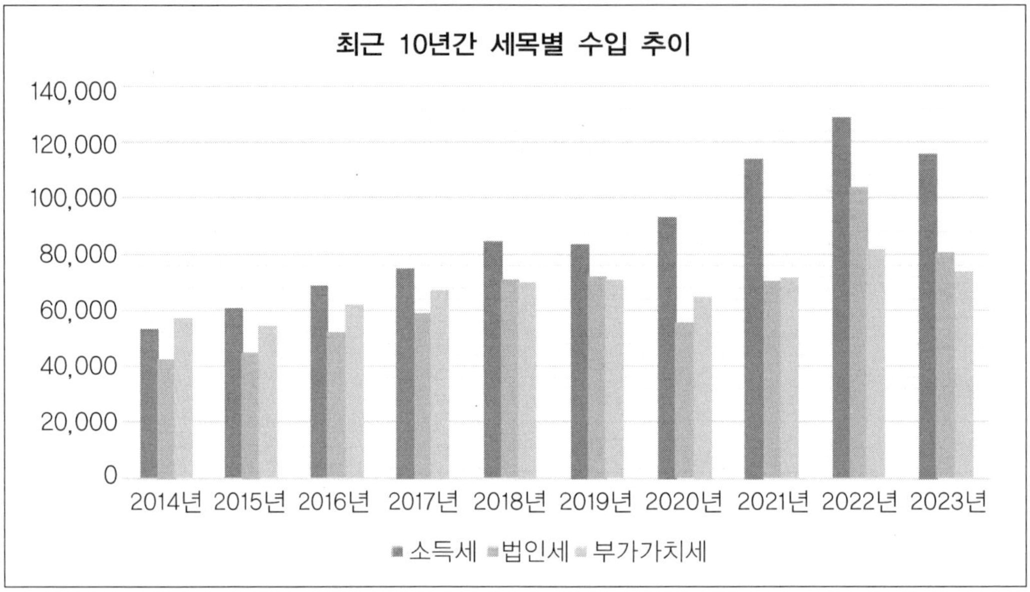

〈표 6〉 최근 10년간 국세 납세인원 추이

(단위 : 명)

연도	2013년	2014년	2015년	2016년	2017년
납세 인원	14,223,703	14,657,969	15,565,272	16,367,681	17,277,038
연도	2018년	2019년	2020년	2021년	2022년
납세 인원	18,045,252	18,830,301	20,006,855	22,357,719	24,138,837

(출처 : KOSIS 국가통계포털 https://www.kosis.kr)

chapter

02 세금의 결정과 납부

contents

제 01 절 세법의 기본원칙

세금은 국가의 살림살이에 필요한 재원을 조달하는 주요 수단으로 국가의 운영을 위해서는 반드시 필요하다. 따라서 납세의 의무는 국방, 근로, 재산권 행사, 환경보전과 더불어 국민의 5대 의무이다. 그러나 세금은 국가에 의하여 직접적인 반대급부 없이 징수되고 미납 시에는 처벌까지 받기 때문에, 과세권자의 권한이 남용되지 않도록 엄격한 원칙이 준수되어야 한다.

여기에서는 세법의 기본원칙을 살펴본다. 세법의 기본원칙이란 세법의 입법 및 해석, 적용에 있어서 지켜져야 할 가장 중요한 기본적 지침으로, 여기에는 조세법률주의, 조세평등주의, 실질과세의 원칙 및 조세회피금지의 원칙이 포함된다.

1. 조세법률주의

조세법률주의란 국가는 법률에 근거하여 세금을 부과·징수하고, 모든 국민은 법률이 정하는 바에 따라 납세의무를 부담한다는 원칙이다. 우리나라의 헌법 제 59조에는 "조세의 종목과 세율은 법률로 정한다"라고 규정되어 조세법률주의를 표방하고 있다. 그리고 이 원칙에 기초하여 납세의무자, 과세대상, 과세기간, 과세표준, 세율과 같은 과세요건과 세금의 부과 및 징수 절차 등의 세금에 관한 모든 사항이 국민의 대표기관인 국회에서 만든 법률에 명확하게 규정되어 있다.

예를 들어 아버지에게 1,000만원을 증여받았다면, 세금을 내야 할까? 그리고 내야 한다면, 어떤 세금을 내야 하나? 정답부터 말하자면, 세금을 내지 않는다. 왜냐하면, 우리나라 상속·증여세법이 직계존속으로부터 증여받은 금액은 5,000만원을 초과한 금액부터 과세할 수 있다고 규정하고 있기 때문이다. 따라서 5,000만원 이하의 금액에 대해서는 증여세를 내지 않는다. 이와 같이 세금은 세법의 규정에 따라 부과, 징수된다.

세금에 관한 법의 존재 형식을 뜻하는 법원(法源)은 헌법, 법률, 명령 등으로 구분할 수 있고, 이 외에도 조례·규칙, 조세조약 등이 있다.

〈표 1〉 조세법률 체계 및 관계

내용		법령
• 납세의무 및 과세를 위한 세법의 규범근거	➡	헌법
• 납세의무의 성립시기와 확정방법을 규정하는 법률 • 조세부과 및 징수의 권리기간 등을 규정하는 법률 • 조세에 관한 납세자의 권리구제를 규정하는 법률	➡	국세기본법 · 지방세기본법
• 누구에게 무엇에 대해 어떠한 세금이 부과되는지를 규정하는 법률 • 언제까지 신고하고, 납부하는지를 규정하는 법률 예 소득 : 소득세법, 소비 : 부가가치세법 · 개별소비세법, 재산 : 종부세법 · 지방세법(재산세)	➡	개별세법
• 본법인 조세법률을 부연 · 보충 및 법률의 개별위임을 받아 규정하는 법규 예 본법 : 국세기본법 ➔ 위임사항 : 국세기본법 시행령 ➔실제적용 : 국세기본법 시행규칙	➡	명령 (시행령, 시행규칙)

(출처 : 2023 대한민국 조세, 국회예산정책처)

알고가기 **조세법률주의와 마그나카르타**

근대 헌법의 기원이 된 마그나카르타(Magna Carta, 1215년)는 영국에서의 왕의 권리를 제한하고, 국민의 권리와 자유를 인정한 대헌장이다. 특히 왕에 의한 징세권을 제한한 문서인데, 당시 영국의 존 왕이 기사들에게 「방패세」를 물렸다가 귀족들의 반발에 밀려 이후부터는 귀족의 동의를 받아 세금을 거두겠다고 합의한 문서이다. 마그나카르타에서는 "세금의 징수를 위해서는 의회가 열려야 한다"라고 명시되어 있는데, 이러한 조세법률주의 정신은 이후 권리청원(1628년)의 '의회의 승인 없는 세금은 없다'로 이어졌다.

2. 조세평등주의

조세평등주의는 조세법의 입법과정이나 집행과정에서 같은 것은 같게 취급하고, 다른 것은 다르게 취급함으로써 조세 정의를 실현하려는 원칙이다. 조세평등주의는 조세부담 공평의 원칙이나, 「동일조건 · 동일부담」의 원칙으로 불리기도 하는데, 조세의 부과와 징수는 납세자의 담세능력에 따라 공정하고 평등하게 이루어져야 하고, 합리적 이유 없이 특정한 납세의무자를 차별하거나 우대해서는 안 된다는 것을 의미한다.

조세평등주의는 두 가지 측면에서 생각해 볼 수 있는데, 우선 입법상의 조세평등주의이다. 이는 모든 국민에게 조세부담이 공평하게 분배되도록 세법을 제정해야 한다는 원칙이다. 또 다른 측면은 해석과 적용에 관한 것으로 세법의 적용에 있어서 모든 국민은 평등하게 취급되어야 한다는 원칙이다.

조세평등주의의 세금을 부담하는 능력, 즉 담세력에 따라 공정하고 평등하게 과세한다는 개념은 동일한 소득에 대하여 원칙적으로 동일하게 과세하는 것이 공평하다는 「수평적 공평」과 담세력이 다른 사람들 간에는 조세부담을 다르게 배분하는 것이 공평하다는 「수직적 공평」으로 구분할 수 있다. 조세평등주의가 구체적으로 실현되기 위해서는 수평적 공평과 수직적 공평이 모두 충족되어야 하는데, 이들의 충족 정도가 조세의 공평성, 즉 조세의 평등주의를 판단하는 기준이 된다.

(1) 수평적 공평

수평적 공평은 동일한 담세력을 가진 납세자는 동일한 금액의 세금을 부담해야 한다는 개념이다. 예를 들어, 일정 소득을 획득한 납세자는 그 소득의 원천 – 이자 · 배당 · 사업 · 근로 · 연금 · 기타 소득 – 과는 관계없이 동일한 소득에 대해서는 동일한 세금을 부담해야 한다.

(2) 수직적 공평

상이한 담세력을 가진 납세자는 상이한 금액의 세금을 부담해야 한다는 원칙이다. 납세자들의 담세력은 서로 다르다. 담세력이 다른 납세자들이 반대급부 없이 징수되는 세금을 동일하게 부담하는 것은 현실적으로 어렵다. 수직적 공평이란 경제적으로 여유가 있는 사람은 세금을 조금 더 많이 내고, 경제적으로 여유가 없는 사람은 조금 덜 내는 식으로 납세자의 경제적 능력에 따라 세금을 부담하는 것을 말한다.

수직적 공평의 대표적인 예로는 소득세, 상속·증여세 등의 누진적 세율구조를 들 수 있다. 누진적 세율구조란 납세자의 소득이나 재산 등 과세기반이 증가할수록 세율도 증가하는 것으로, 세율의 구조를 누진적으로 설계함으로써 담세력이 높은 고소득층의 소득대비 세부담은 증가하도록 하고, 저소득층의 소득대비 세부담은 상대적으로 감소하도록 한다.

알고가기 **대동법**

조선시대 조세제도는 각 지방에서 생산되는 공물(특산물)을 바치게 하는 공납제였는데, 생산에 차질이 생기거나 자연재해로 인해 피해를 입은 경우에도 반드시 특산물로 공물을 바쳐야만 했다. 공물의 이런 폐단을 이용한 관리나 상인이 백성을 대신하여 공물(특산물)을 나라에 바치고 그 대가를 몇 배씩 가중하여 백성에게 받아내는 방납(防納 : 代納)이라는 제도가 있어 백성의 부담이 한층 가중되었다. 더구나 거주지에서 생산되지도 않는 공물을 배정하여 백성을 착취하는 관리가 많았다. 이런 관리들의 모리 행위는 농민의 부담은 가중되었지만 오히려 국가 수입은 감소되었다. 결국 중간 관리와 상인들만 이익을 보는 조세제도는 조선에서 가장 심각한 폐단이었다.

특산물을 공물로 바치는 대신에 미곡으로 납세하도록 장려하였다. 1594년(선조 27), 영의정 류성룡(柳成龍)은 대공수미법을 제안하고 이 제안은 토지 1결에 쌀 2말씩을 징수하도록 하여 그해 가을부터 전국에 시행되었다. 그러나 전쟁 중에 군량을 조달하려던 목적을 달성하기는 어려웠다. 결국 징수한 쌀의 양이 매우 적고 수시로 현물로 징수하는 일도 많아 1년이 되지 않아 폐지되었다.

임진왜란이 끝나자 농민의 공납 부담이 높아지면서 공납의 폐해는 다시 일어났다. 이런 상황에서 광해군이 즉위하자 호조참의 한백겸(韓百謙)은 대공수미법 시행을 제안하고 영의정 이원익(李元翼)이 이를 재청하여 1608년 5월에 경기도에 한하여 실시할 것을 명하고 선혜법(宣惠法)이라는 이름으로 9월부터 실시되었다. 중앙에 선혜청(宣惠廳)과 지방에 대동청(大同廳)을 두고 이를 관장하였는데, 경기도에서는 세율을 춘추(春秋) 2기로 나누어 토지 1결(結)에 8말씩, 도합 16말을 징수하여 그 중 14말은 선혜청으로 보내고 2말은 군현에서 사용하였다. 대동법의 확대 실시론이 간간이 제기되다가 효종 즉위 후, 김육(金堉)·조익(趙翼) 등이 삼남에 대동법을 시행하자고 강경히 주장하였다. 1747년에 이르러 대동법으로 전환하였다.

대동법이 전국적으로 실시된 뒤 세액도 12말로 통일하였다. 대동법으로 호(戶)당 징수가 결(結)당 징수로 바뀌었기 때문에 부호의 부담은 늘고 가난한 농민의 부담은 줄었으며, 국가는 전세 수입의 부족을 메웠다.

(출처 : 네이버 지식백과, "대동법(大同法)", 저자 편집)

3. 실질과세의 원칙

실질과세의 원칙이란 세법을 해석하고 과세요건을 검토 및 확인함에 있어서 법률상의 형식과 경제적 실질이 서로 부합하지 않는 경우, 경제적 실질에 따라 조세를 부과한다는 세법 고유의 원칙이다. 구체적으로는 과세의 대상이 되는 소득, 수익이나 재산의 과세물건이 형식적으로 귀속하는 자와 실질적으로 귀속하는 자가 서로 다른 경우에는 실질적으로 귀속하는 자를 납세의무자로 하여 세금을 부과해야 한다. 거래의 형식이나 명칭이 아니라 실질 내용이 핵심이라는 것이다.

또한 세법 중 과세표준의 계산에 대한 규정은 소득, 수익, 재산, 행위 또는 거래의 명칭이나 형식과 관계없이 실질적인 내용에 따라 적용하여야 한다. 또한 제 3자를 통한 간접적인 방법이나 둘 이상의 행위 또는 거래를 거치는 방법을 통해 부당하게 세법의 혜택을 받기 위한 것으로 인정될 경우도 거래의 행위나 형식에 구애받지 않고 경제적 실질에 따라 과세한다.

4. 조세회피금지의 원칙

조세회피행위란 법률상의 방법을 남용하여 세금부담을 부당하게 감소시키려는 행위로 경제적, 법률적 행위를 할 때 일반적인 방법을 채택하지 않고, 세금을 줄이기 위한 목적으로 상이한 방법을 채택하는 것을 말한다. 세법에서는 조세회피행위가 있을 경우, 이를 부인하고 세금을 부과한다.

조세회피금지의 원칙이 성립하기 위해서는 다음의 2가지 요건을 갖추어야 하는 데, 첫째는 특수관계자와의 비정상적인 행위나 계산으로 조세부담을 부당하게 감소시킨 결과가 있어야 하고, 둘째는 조세부담 경감 목적 여부와 상관없이 결과적으로 조세부담의 경감이 있는 것이다.

예를 들어 사업소득이 있는 자가 감정가격이 10억원인 건물을 사업목적상 특수 관계자인 아버지로부터 20억원에 구입한 경우, 건물의 취득가액은 얼마로 해야 하는가의 문제에서 민법에서는 계약자유의 원칙이 있기 때문에 건물의 취득가액을 20억원으로 하는 것은 가능하다. 그러나 세법에서는 조세회피금지의 원칙을 들어 건물가액은 10억원으로 하고, 나머지 10억원은 과세소득으로 간주한다. 왜냐하면, 사업목적으로 건물을 사들일 경우에 이는 사업영위를 위한 비용으로 계산되어 과세소득이 줄게 되고, 결과적으로 세금부담을 감소시킬 수 있기 때문이다.

조세회피행위 부인에 관한 규정으로 법인세법 제52조와 소득세법 제41조에 부당행위계산의 부인규정이 있다. 조세회피행위부인의 규정은 개인 간의 정상적인 거래행위를 세법에서 부인하는 행위이기 때문에 개별적, 구체적으로 명문화가 필요하다. 이외에 세부담을 감소시키는 것에는 절세와 탈세가 있다.

〈표 2〉 조세회피행위 · 절세 · 탈세의 비교

구분	조세회피행위	절세	탈세
사법상	적법행위	적법행위	위법행위
세법상	• 세법상 부인되어 세무 조정세액 추징 • 가산세 부과	• 세법상 정당한 것으로 인정	• 조세범으로 처벌세액 추징 • 가산세 부과

제 02 절 과세요건

과세요건이란 납세의무라는 법률적인 효과가 발생하기 위하여 충족되어야 하는 법률상의 요건으로 조세 부과에 있어서 가장 핵심이 되는 요소이다. 과세요건은 조세법률주의에 의하여 법률로 규정되어야 하고, 그 내용은 명확해야 한다.

일반적으로 과세요건은 납세의무자, 과세대상, 과세표준, 세율로 구성된다.

1. 납세의무자

납세의무자란 법률에 의하여 세금을 납부할 의무가 있는 자이다. 개별세법상 납세의무자는 「자신의 행위, 소득 등에 대한 납세의무를 지는 자」이다.

납세의무자는 경제적 관점에서 최종적으로 조세를 부담하는 자인 담세자와는 구별되는 개념으로, 납세의무자와 담세자는 서로 일치하지 않을 수 있다. 예를 들어 직접세인 개인소득세의 경우 납세의무자와 조세를 부담하는 담세자가 일치하지만, 간접세인 부가가치세는 납세의무자와 최종적인 담세자가 서로 일치하지 않는다.

2. 과세대상

과세대상은 법률로 정한 과세의 대상으로서 물건·행위 또는 사실을 의미하며, 납세의무의 성립을 위한 핵심적인 물적 기초가 된다. 납세자의 담세력을 파악하는 물적 기초로 활용되며, 일반적으로 과세대상은 소득, 소비, 재산으로 구분할 수 있다.

(1) 소득

소득과세는 납세의무자의 소득을 과세대상으로 하여 과세하는 조세이다. 소득은 「개인이나 법인이 일정 기간에 걸쳐 노동·토지·자본 등 생산요소를 투입하여 경제활동에 참여함으로써 얻는 이익」으로 정의된다. 소득과세의 세목에는 국세 중에는 소득세 및 법인세가, 지방세 중에 지방소득세가 포함된다.

소득과세는 소득수준에 비례하여 담세력을 측정하며, 세율구조를 누진적으로 설정함으로써 수직적 공평을 실현하여 우리 사회의 소득재분배에 기여할 수 있다.

(2) 소비

소비란 일반적으로 재화나 서비스를 사용하여 효용을 얻는 행위를 의미한다. 소비과세는 이러한 소비 혹은 지출행위를 가능하게 하는 구매력을 담세력으로 보아 과세대상으로 한다. 국세 중에는 부가가치세, 개별소비세, 주세, 관세, 교통 · 에너지 · 환경세 등이 소비과세의 세목에 속하며, 지방세 중에는 담배소비세, 레저세, 지방소비세가 여기에 해당한다.

소비과세는 세원의 포착이 비교적 용이하고 소비금액의 산정이 단순하여 징세절차가 간편한 편이다. 부가가치세와 같은 일반소비세는 과세대상의 범위가 넓고 단일 비례세율(10%)로 과세함으로써 조세로 인한 경제적 왜곡이 적다는 장점이 있다. 그러나 소득수준에 대한 고려 없이 소비 혹은 지출행위에 부과됨으로써 세부담의 역진성이 발생할 수 있다는 단점도 있다. 우리나라는 기초생활필수품에 대한 면세를 실시하고, 사치재에 대해서는 개별소비세를 추가 과세하는 등 역진성을 보완하는 제도를 운용하고 있다.

(3) 재산

재산은 예금 · 주식 · 펀드 · 보험 등 금융자산과 토지 · 건물 · 주택과 같은 부동산 및 자동차 · 선박 등 비금융자산으로 구분할 수 있다. 이와 같은 재산을 과세대상으로 하는 재산과세는 경제가치의 저량(stock)에 대한 과세로서, 재산의 보유에 따른 효용, 부(富)의 집중방지 · 소득재분배, 소득 · 소비과세의 보완 등의 관점에서 이루어진다. 일반적으로 재산과세는 대부분 물세로서 납세의무자가 보유한 재산의 총액 또는 재산의 이전에 대하여 과세한다. 우리나라의 경우 국세 중 종합부동산세, 상속세 및 증여세, 증권거래세, 인지세 등이 재산과세에 해당하며, 지방세의 경우 재산세, 취득세, 등록면허세 등이 이에 해당한다.

3. 과세표준

과세표준이란 세액이나 세율의 대소를 결정할 때의 대상이 되는 값이나 수량이다. 즉, 세금을 부과하기 위한 기준 금액으로서 일반적으로 과세표준에 세율을 곱하여 세액을 산출한다. 조세의 크기인 세액을 계산하기 위해서는 과세대상을 금액화하거나 수량화하여 측정하는 과정이 선행되어야 한다. 과세대상을 금액 · 건수 · 용량 · 인원 등의 화폐가치 또는 물량으로 측정한 값을 과세표준(課稅標準)이라 한다. 납부할 세액의 정확한 산정을 위해서는 과세표준의 정확한 계산이 필수적이며, 과세표준의 구체적인 산정방식은 세목별로 각각 규정하고 있다. 예를 들어 소득세의 경우 개인의 1역년(曆年) 소득금액을 기초로 소득공제 또는 기본공제 차감한 금액을 과세표준으로 하고 있다.

과세대상을 측정하는 척도로 종가세의 경우 금액이 사용되고, 종량세의 경우 수량이 사용된다. 우리나라의 주요 세목은 대부분 과세대상을 금액화하는 종가세이며, 교통 · 에너지 · 환경세, 주세의 일부(주정 · 탁주 · 맥주), 개별소비세, 담배소비세와 같은 일부 세목의 경우 과세대상을 수량으로 측정하고 있다.

4. 세율

세율은 세액 산출을 위하여 과세표준에 곱하는 비율을 말한다. 보통 과세표준이 금액일 경우 비율(%)로 표시하고, 과세표준이 수량일 경우 수량 단위당 일정 금액, 예를 들어 원/kℓ 등으로 표시한다. 세율은 국가의 소득분배의 정도나 재정수요의 크기, 경기변동에 미치는 영향을 등을 고려하여 결정된다. 최근에는 경제거래가 국제화되고 국가 간 자본의 이동이 자유로워지면서 다른 국가와의 조화도 세율 결정에 많은 영향을 주고 있다.

세율은 일반적으로 과세표준과 세액의 비율이 일정한 비례세율과 과세표준의 증가에 따라 세액의 비율이 커지는 누진세율로 구분한다.

(1) 비례세율

비례세율은 과세표준의 크기와 관계없이 과세표준과 세액의 비율이 일정한 세율로, 단순비례세율과 차등비례세율로 구분한다. 단순비례세율은 모든 과세대상에 동일한 단일세율을 적용하는 것으로 우리나라의 현행 부가가치세 세율(10%)이 여기에 해당한다. 반면 차등비례세율은 과세대상에 따라 차등적인 세율을 적용하는 것으로 우리나라의 현행 교통・에너지・환경세(휘발유 및 대체유류에 대해서는 475원/ℓ, 경유 및 대체유류에 대해서는 340원/ℓ)가 여기에 해당한다.

(2) 누진세율

누진세율은 과세표준의 크기가 증가할수록 세율도 증가하는 세율을 말한다. 누진세율은 단순누진세율과 초과누진세율로 구분한다.

단순누진세율은 과세표준의 크기가 증가함에 따라 과세표준 전체에 대하여 높은 세율을 적용하는 것이다. 우리나라 현행 부동산 취득세율이 여기에 해당한다. 초과누진세율은 과세표준 단계별로 일정 기준을 초과하는 분에 대하여 높은 세율을 적용하는 것으로 현행 소득세, 법인세, 상속세 및 증여세에 적용되는 세율이 이에 해당한다.

제 03 절 세금의 납부

납세의무는 각 세법에서 규정하고 있는 과세요건을 충족하는 때에 성립한다. 과세요건이 충족되면 납세의 의무가 성립하고, 과세표준과 세액을 확인하여 이를 정부에 신고하는 등의 절차를 거쳐 납세의무는 이행 가능한 상태로 확정된다. 이후 확정된 납세의무는 납부 및 충당, 과세권의 소멸 등을 통해 소멸된다.

납세의무의 성립 시기는 과세요건의 기초가 된 사실이나 행위가 완성되는 시점이다. 국가 또는 지방자치단체는 과세권 행사를 위해 납세의무를 구체적으로 확정해야 한다. 「조세의 확정」이란 과세요건의 충족에 따라 성립한 납세의무를 실제로 이행할 수 있도록 세법의 규정에 따라 납부할 세액을 구체적으로 확정하는 단계이다. 「조세의 소멸」은 확정된 납세의무가 납부 등을 통해 실현되었거나 부과취소와 같은 법정사유에 의해 없어지는 것을 말하며, 이를 통해 과세권자인 정부와 납세의무자 간의 과세관계는 종료된다.

1. 세금의 부과방식

조세의 확정이란 세법이 정하는 바에 따라 납부할 세액을 구체적으로 확정하는 것으로, 세금을 부과하고 확정하는 방식에는 납세의무자 본인이 과세표준과 세액을 정부에 신고했을 때에 확정되는 「자진신고방식」, 해당 세금의 과세표준과 세액을 정부가 결정하는 때에 확정되는 「정부부과방식」, 원천징수의무자에 의하여 징수되는 「원천징수방식」으로 구분할 수 있다.

(1) 자진신고방식

자진신고의 방식은 납세의무자가 스스로 신고기한까지 과세표준과 세액을 신고함으로써 납세의무가 확정되는 방식이다. 소득세, 법인세, 부가가치세 등의 대부분의 세금이 이에 해당한다. 납세자가 세액을 신고하면 그대로 납세의무가 확정되지만, 신고납부가 적정한지에 대해서 세무조사를 받을 수 있다. 조세시스템이 선진화되고 국민의 올바른 납세 정신이 뒷받침될 때에는 효과적으로 운영될 수 있지만, 납세의무자가 세금에 대한 이해와 지식을 갖추어야 하는 어려움이 있다.

(2) 정부부과방식

정부부과방식이란 과세권자인 정부가 납세의무를 확정하는 방식으로 납세의무자에게 세금을 부과하여 납부하도록 하는 방식이다. 상속세, 증여세, 재산세, 종합부동산세 등이 이에 해당한다. 상속세와 증여세의 경우, 납세의무자의 신고의무가 있기는 하지만, 이는 협력의무에 불과하며, 납세의무자가 과세표준과 세액을 신고하면, 세무서는 신고한 내용 등을 바탕으로 세액을 결정해서 납세자에게 통지한다.

(3) 원천징수방식

원천징수방식이란 원천징수의무자가 납세의무자가 부담할 세금을 미리 떼어서 납부하는 방법이다. 근로소득, 금융소득, 기타소득 등이 이에 해당한다.

〈표 3〉 세금의 부과방식

종류	납부방법	해당 세금 종류
자진신고방식	• 납세의무자가 스스로 신고기한까지 자진해서 신고하고 납부하는 방식	• 법인세, 소득세, 부가가치세, 개별소비세, 증권거래세, 교육세 등
정부부과방식	• 정부의 부과에 의해서 세금을 납부하는 방식	• 상속세, 증여세, 재산세, 종합부동산세, 주민세, 자동차세 등
원천징수방식	• 원천징수의무자가 부담할 세금을 미리 떼어서 납부하는 방식	• 근로소득, 퇴직소득, 이자소득, 배당소득, 기타소득 등

2. 납부기한

납부란 납세의무자가 세금을 국고에 납입하는 것을 말한다. 납세의무는 원칙적으로 납부에 의하여 소멸한다.

그렇다면, 납세의무자는 언제 세금을 납부해야 할까? 급여를 받는 근로소득자가 생활이 어려워 세금을 나중에 내겠다고 하거나, 주택을 양도하고 차익을 본 납세의무자가 나중에 마음대로 세금을 납부해도 될까? 혹은 시가 5억원 상당의 주식을 증여받은 사람이 수중에 현금이 없다는 이유로 주식이 팔리는 대로 세금을 납부하겠다고 할 수 있을까? 정답은 「그럴 수 없다」이다. 과세권자인 국가나 지방자치단체는 각종 세금의 납부기한을 정해 두고, 납부기한 내에 세금을 납부하도록 하고 있다.

납부기한은 세금의 종류에 따라 다른데, 예를 들어 종합소득세의 경우, 과세표준을 산정하는 과세기간은 1월 1일부터 12월 31일까지이고, 법정 신고기한 및 납부기한은 다음 해 5월 1일부터 5월 31일까지이다. 여기에서 법정 신고기한이란 과세표준과 납부 또는 환급을 위하여 필요한 사항을 기재한 과세표준신고서를 제출해야 할 기한이고, 납부기한은 세금을 내야 하는 기한이다.

납부금액 중에서 1천만원이 넘는 경우 분납신청이 가능하고, 분납신청을 하게 되면 납부기한 경과 후 2개월 이내까지 기한이 연장된다. 이렇게 연장된 기한에는 가산세 등이 붙지 않는다.

〈표 4〉 세금의 납부기한

구분	신고 · 납부기한
종합소득세	다음 해 5월 1일부터 5월 31일까지
양도소득세	(예정신고) 양도일의 말일부터 2개월 이내 (확정신고) 다음해 5월 1일부터 5월 31일까지
증여세	증여일의 말일부터 3개월 이내
상속세	상속개시일(사망일)의 말일부터 6개월 이내
법인세	사업연도 종료일부터 3개월 이내
부가가치세	(예정신고) 1기 : 4월 1일부터 25일까지(법인) 2기 : 10월 1일부터 25일까지(법인) (확정신고) 1기 : 7월 1일부터 25일까지 2기 : 다음해 1월 1일부터 1월 25일까지
취득세	취득일로부터 60일 이내
재산세	건물 · 주택(50%) : 7월 16일부터 31일까지 토지 · 주택(50%) : 9월 16일부터 30일까지
종합부동산세	12월 1일부터 15일까지

3. 납세지

납세지는 세금을 관할하는 장소로 납세의무자는 납세지 관할세무서에 과세표준과 세액을 신고하고 납세지 관할 세무서가 지정한 금융기관 또는 체신관서에 세금을 납부해야 한다.

납세지는 납부기한과 마찬가지로 세금의 종류에 따라 다르다. 예를 들어 종합소득세와 양도세와 같이 개인이 내는 세금은 개인의 주소지나 거소지를 관할하는 세무서에 신고 · 납부한다. 예를 들어 마포구에 거주하면서 종로구에서 식당을 운영하는 경우, 종합소득세는 마포세무서에 신고 · 납부한다. 만약 마포구에 거주하면서 대구의 토지를 매매하고 양도차익이 발생하였다면, 양도소득세는 마포세무서에 신고·납부한다.

법인이 내는 세금인 법인세의 경우, 등기부상 본점 또는 주사무소 소재지를 관할하는 세무서에 신고·납부하면 된다. 예를 들어 전국에 지점을 가진 법인의 본점이 여의도에 있다면, 법인세는 영등포세무서에 신고·납부한다.

한편 부가가치세는 사업장을 관할하는 세무서에 신고·납부한다. 예를 들어 대구의 수성구에 거주하면서 달서구(계명대학교 인근)에서 식당을 운영하는 경우, 소득세는 수성세무서에 신고·납부하지만, 부가가치세는 식당이 있는 서대구세무서에 신고·납부한다.

제 04 절 세금의 체납

납세의무는 일반적으로 세금의 납부로 소멸한다. 그러나 만약 납세의무자가 확정된 납세의무에 대해서 납부를 하지 않는다면, 과세권자인 정부는 자력집행권을 기초로 강제징수 절차에 따라 납부를 실현하여 납세의무를 소멸시킬 수 있다.

납세의무자가 납부기한까지 세금을 내지 못하는 것을 체납이라고 하고, 세금을 납부기한까지 내지 못한 사람을 체납자라고 한다. 국세징수법 중 체납처분에 관한 규정에 의한 재산의 압류, 보관, 운반 및 매각에 든 비용(매각을 대행시키는 경우 그 수수료를 포함)을 체납처분비라고 하고, 체납액은 체납된 국세와 그 가산금 및 체납처분비를 포함한 금액을 말한다. 세금을 체납하게 되면, 가산세 및 가산금의 부과, 체납처분, 행정규제 등의 여러 가지 법적 또는 행정적 제재를 받게 된다.

1. 가산세

신고 및 납부기한이 지나도록 세금을 내지 않거나 부당하게 적게 낸 경우, 납부지연가산세가 부과된다. 납부지연가산세는 납부기한 다음날로부터 자진납부일 또는 납세고지일까지의 기간 동안 1일에 22/100,000의 비율(연 8.03%)이 적용된다.

납세고지서를 받고도 납부하지 않으면 체납된 국세에 3%의 가산금이 부과된다.

2. 체납처분

납부기한이 경과한 후 10일 이내에 독촉장이 발부되고, 독촉기한까지도 세금을 납부하지 않으면, 재산조사 등의 절차가 진행되어 확인된 재산이나 소득이 압류될 수 있다.

압류란 채권자가 채무자의 특정 재산에 대한 처분을 제한하는 강제집행을 말한다. 압류가 되면, 체납자는 압류된 재산을 처분할 수 있는 재산권 행사를 할 수 없다. 재산이 압류된 후에도 세금을 계속해서 체납한다면, 과세권자는 압류재산을 매각하여 체납된 세금을 충당한다. 이 때의 매각절차에는 예금의 인출이나 부동산 등의 공매를 포함한다. 공매란 국세징수법에서 체납자의 압류재산을 강제로 처분하여 현금으로 바꾸는 절차를 말한다. 참고로 민사소송법에서는 채무자의 물건을 처분하는 강제집행을 경매라고 한다.

하지만 조사 결과 납세의무자가 체납된 세금을 낼 수 있는 재산이 전혀 없는 무재산자의 경우 조세행정 및 체납관리의 효율화를 위하여 결손처분할 수 있다. 여기에서 결손처분이란 과세권자가 부과한 조세를 일정한 사유로 거두어들일

수 없다고 인정될 때, 납세의무자의 납세의무를 없애는 행정처분을 말한다.

3. 행정규제

납세의무자의 체납액의 규모나 그 심각성에 따라 허가사업의 제한, 출국규제, 정보제공, 명단공개 등의 공적 제재조치를 받을 수 있다.

허가 · 인가 · 면허 등을 받아 사업을 하는 자가 국세를 3회 이상 체납하고, 체납액이 500만원 이상인 경우, 허가관서에서는 사업의 정지나 허가를 취소할 수 있다. 체납액이 5,000만원 이상의 경우에는 관계부처에 출국금지 또는 여권발급의 제한을 요구할 수 있다.

체납액이 500만원 이상인 자로서 체납발생일로부터 1년 이상이 경과하였거나, 1년에 3회 이상 체납한 사람은 신용정보기관에 체납 자료를 제공한다. 체납 자료가 제공되면 체납자는 신용불량자로 등록되어 각종 금융제재, 예를 들어 신규대출의 중단이나 신용카드 발급의 제한 등을 받을 수 있다.

체납발생일로부터 1년 이상 경과하여 체납기간이 1년 이상이고, 체납국세 2억원 이상인 고액 상습체납자의 경우, 국세징수법 제 114조에 의해서 고액 상습 체납자의 성명(상호), 주소와 체납액이 국세청 홈페이지(http://www.nts.go.kr)에 게재된다. 지방세인 경우, 체납기간이 1년 이상이고 체납액이 1천만원 이상인 경우, 행정안전부의 전국 지방세 신고납부서비스 홈페이지(http://www.wetax.go.kr) 의 고액 상습 체납자 명단에 신상이 공개된다.

그림 1 국세청 고액 상습체납자 명단 공개 화면(http://www.nts.go.kr, 정보공개)

그림 2 행안부 지방세 고액체납자 명단 공개 화면(http://www.wetax.go.kr, 정보공개)

chapter

03 소득과 세금

contents

제 01 절 소득세 개념과 종류

1. 소득세의 개념과 의의

소득세는 개인의 소득을 세원으로 부과하는 세금이다. 소득세는 개인의 소득 외에 모든 소득에 부과하는 세금을 총칭하며, 개인이 얻는 소득에 대한 개인소득세와 법인소득에 대한 법인소득세로 구분한다. 우리나라는 개인소득세를 「소득세」로, 법인소득세는 「법인세」로 지칭한다. 소득세는 과세권자가 국가이므로 국세에 해당하며, 세금의 사용 목적이 특정되어 있지 않기 때문에 보통세이다.

소득세는 과세방법에 따라 크게 종합소득 과세와 분류소득 과세로 구분한다.

종합소득 과세는 소득의 원천이나 소득의 종류와 관계없이 모든 소득을 종합하여 누진세율에 의해 과세한다. 분류소득 과세는 소득을 발생원천별로 구분하여 각 소득원천에 따라 별도세율로 과세한다. 현행 「소득세법」은 종합과세를 원칙으로 하되 일부 소득에 대해서는 분류과세를 적용하고 있다.

소득세는 국가 재정의 재원을 확보하고 우리 사회의 소득재분배의 역할을 담당한다. 소득과세는 소비과세, 재산과세와 함께 가장 기본이 되는 세원으로 이를 통해 국가 재정 유지에 필요한 수입을 확보할 수 있다. 또한, 고소득층일수록 높은 세율을 적용하는 누진세율구조로 소득재분배의 기능을 가진다. 현재 우리나라의 소득세율은 총 8단계로 과세표준 구간별로 6~45%로, 소득수준이 높을수록 높은 세율이 적용된다.

2. 소득세의 종류

우리나라는 과세대상이 되는 개인의 소득을 세법에서 제한적으로 열거하는 방식을 취하고 있다. 과세대상 소득으로 열거하고 있는 소득은 이자소득, 배당소득, 사업소득, 근로소득, 연금소득, 기타소득, 퇴직소득, 양도소득의 총 8가지이다. 이 중 앞의 6가지 소득은 종합소득으로 구분되며, 뒤의 2가지 소득인 퇴직소득과 양도소득은 분류소득으로 구분된다. 종합과세는 모든 소득을 합산하여 하나의 과세표준과 세액으로 과세하는 방식이고, 분류과세는 다른 소득과 합산하지 않고 개별소득별로 과세표준과 세액을 계산하는 방법이다. 현행 소득세의 과세는 종합과세가 원칙이나, 양도소득 및 퇴직소득과 같이 장기에 걸쳐 형성되는 소득에 대해서는 분류과세를 적용하고 있다.

참고로 종합과세 대상 중 일부 소득에만 예외적으로 분리과세를 허용하고 있는데, 분리과세는 해당 소득이 지급될 때 별도의 세율에 의해 원천징수함으로써 납세의무가 소멸되어 종합소득에 합산하지 않는 방식이다.

〈표 1〉 우리나라 소득세의 종류와 과세방법

과세방법	소득구분		적용기준
종합과세	금융소득	이자소득	합산소득이 2천만원을 초과하면 종합과세, 이하는 분리과세
		배당소득	
	근로소득		무조건 종합과세
	사업소득		무조건 종합과세
	연금소득		• 공적 연금소득 : 무조건 종합과세
			• 사적 연금소득 : 1천 2백만원을 초과하면 종합과세, 이하는 선택적 분리과세
	기타소득		3백만원을 초과하면 종합과세, 이하는 선택적 분리과세
분류과세	퇴직소득		별도과세
	양도소득		별도과세

(1) 금융소득(이자소득 · 배당소득)

이자소득은 예·적금의 이자나 국·공채, 회사채 등의 채권 등을 보유함에 따라 받는 대가 등 타인에게 자금을 빌려준 대가로 지급받는 소득을 말한다. 배당소득은 보유하고 있는 주식의 지분비율에 따라 기업의 이익을 분배받는 소득이다. 이자소득과 배당소득을 합하여 금융소득이라 한다.

특히 금융소득에는 소득을 벌기 위하여 지출한 필요경비를 인정하지 않는다. 예를 들어 은행에서 1,000만원을 연 5%의 이자율로 빌려 주식투자를 한 후, 연말에 100만원의 배당을 받았다면, 은행에 50만원의 이자비용을 지급하는 것은 고려하지 않고, 배당받은 100만원 전액을 소득으로 보아 과세한다.

국내에서 지급되는 모든 이자소득과 배당소득은 원칙적으로 원천징수의 대상으로 원천징수의무자는 이자소득 또는 배당소득을 지급할 때, 그 지급금액에서 원천징수세율에 따라 원천징수한다. 현행 원천징수세율은 15.4%(14%(이자소득세)+1.4%(지방소득세))이다.

(2) 사업소득

사업소득이란 영리를 목적으로 재화나 용역을 독립적·계속적·반복적으로 제공하는 경제적 활동에서 발생하는 소득을 말한다.

사업소득의 금액은 해당 과세기간의 비과세소득을 제외한 총수입금액에서 필요경비를 차감하여 도출한다. 예를 들어, 제과점을 운영하면서 지난 1년간 1억원어치의 매출 수입을 얻었다면, 여기에서 제빵 재료를 구입하거나 인건비 등으로 지출한 7천만원을 차감하여 사업소득은 3천만원이 된다.

(3) 근로소득

근로소득은 근로계약에 따라 근로를 제공하고 받는 대가로서, 지급 형태나 명칭에 관계 없이 회사로부터 받는 봉급, 급료, 보수, 임금, 상여, 수당 등을 모두 포함한다. 예를 들어 자녀의 학자금을 회사에서 보조해 주는 경우, 보조받은 학자금도 근로소득에 포함한다.

근로소득의 금액은 과세기간의 연간급여액에서 비과세소득을 제외한 총급여액에서 근로소득공제액을 차감하여 도출한다. 비과세소득은 「국민연금법」, 「고용보험법」, 「산업재해보상보험법」 등의 각종 법률에 따라 받는 특정 급여나 기타 실비변상적인 성질의 급여 등을 말한다. 예를 들어 회사에서 월 20만원 이내의 식사비를 준다면, 이는 비과세소득으로, 근로소득에는 포함하지 않는다. 근로소득공제는 근로소득의 일정 비율을 필요경비로 공제하는 제도로, 근로소득공제율은 소득이 증가할수록 낮아지며 2천만원을 공제한도로 한다.

(4) 연금소득

연금제도란 경제활동을 활발하게 하는 동안 소득 일부를 보험료로 납부하여 이후 노동력을 상실하게 되었을 때, 매년 일정액의 돈을 받는 사회보장제도이다. 연금소득은 공적 연금소득과 사적 연금소득으로 구성된다. 공적 연금소득에는 「국민연금법」에 따라 지급되는 국민연금과 공무원, 사립학교 교직원, 군인, 별정우체국 직원이 받는 연금, 「국민연금과 직역연금의 연계에 관한 법률」에 따라 받는 연계노령연금 등이 있다. 사적 연금소득은 퇴직보험의 보험금을 퇴직자가 연금 형태로 받는 것과 연금저축에 가입하고 연금 형태로 지급받는 경우의 연금을 말한다.

연금소득 금액은 총연금액에서 연금소득공제를 차감하여 구한다. 연금소득공제는 총연금액이 증가할수록 공제율이 낮아지는 구조로 되어 있으며, 공제액이 900만원을 초과하는 경우에는 900만원을 공제한다.

(5) 기타소득

기타소득은 금융소득(이자소득 · 배당소득) · 사업소득 · 근로소득 · 연금소득 · 퇴직소득 · 양도소득 외의 소득으로 「소득세법」 제21조에서 열거하고 있다. 대표적인 기타소득으로는 상금 · 현상금 · 포상 또는 이에 준하는 금품, 복권 등에 의한 당첨 금품, 저작권 등의 양도 또는 사용료로 받는 금품, 인적용역을 일시적으로 제공하고 받는 대가, 서화 · 골동품의 양도로 발생하는 소득, 가상자산의 양도 · 대여로 발생하는 소득(2027년 1월 1일부터 시행) 등이 있다.

기타소득금액은 해당 과세기간의 총수입금액에서 필요경비를 차감하여 구한다. 기타소득의 필요경비는 과세기간의 총수입금액에 대응하는 비용으로, 일반적으로 용인되는 통상적인 비용을 의미한다. 법에서 정한 필요경비 비율이 있는 기타소득의 경우에는 이를 적용하여 산출한다.

(6) 퇴직소득

퇴직소득은 근로자가 회사를 퇴직할 때 받는 소득이다. 매년 발생하는 근로소득과는 달리 장기간의 근무에 걸쳐 조성된 소득이 일시에 실현되는 소득이기 때문에 그 해의 종합소득에 합산될 경우, 지나치게 높은 세부담을 질 수 있고 퇴직 후의 생활자금이라는 점에서 종합소득과 별도로 분류하여 과세한다.

(7) 양도소득

양도소득은 개인이 부동산 등의 과세대상 자산을 유상으로 이전하여 얻은 소득으로, 퇴직소득과 마찬가지로 수년간에 걸쳐 형성되기 때문에 종합소득에 합산하지 않고 별도로 분류하여 과세한다. 단, 법인이 부동산을 양도하여 발생한 양도차익은 양도소득세로 과세하지 않고 법인세로 과세한다. 양도소득의 금액은 양도가액에서 취득가액과 필요경비, 장기보유특별공제를 차감하여 산출한다.

제 02 절 우리나라 소득세의 특징

우리나라의 소득세는 개인의 소득에 대한 과세로 담세력에 따른 공평과세를 구현하기 위하여 다음과 같은 특징을 가지고 있다.

1. 개인별 과세

우리나라의 소득세는 개인별로 과세하는 것을 원칙으로 한다. 예전에는 이자소득, 배당소득, 부동산 임대소득 등의 자산소득의 경우, 부부 합산하여 과세하였으나, 2002년 헌법재판소에서 자산소득의 부부 합산 과세는 혼인관계를 차별하는 것으로 헌법에 위배된다는 판결이 내려진 이래 모든 소득세는 개인별로 과세하고 있다.

2. 종합과세

종합소득은 1월 1일부터 12월 31일까지의 1년 동안의 6가지 소득, 금융소득(이자소득 · 배당소득) · 사업소득 · 근로소득 · 연금소득 · 기타소득을 모두 합산한 소득이다. 이 소득들을 모두 종합소득으로 합산하여 과세하면, 소득이 높을수록 더 많은 세금을 부과할 수 있다. 이로써 담세력에 따른 조세공평을 달성할 수 있어 우리나라의 소득세는 종합과세한다. 예를 들어 한 사람이 낮에는 회사에서 근무하고, 저녁 이후에는 야식을 전문으로 하는 식당을 운영한다면, 근로소득과 사업소득이 동시에 발생하므로 이 사람에게는 근로소득과 사업소득을 모두 합산하여 종합소득으로 과세한다.

3. 열거주의

우리나라는 과세대상이 되는 개인의 소득을 세법에서 열거하는 방식을 취하고 있다. 이와 같이 열거하는 소득에 대해서만 과세하는 방식을 「열거주의」라고 한다. 이는 바꾸어 말하면, 열거되지 않는 소득에 대해서는 과세하지 않는다는 것으로, 소득세법에서 열거되지 않은 소득에는 대표적으로 농업이나 어업에서 얻는 소득, 기계나 차량을 처분하고 얻는 소득, 대주주를 제외한 소액주주들의 주식매매차익, 피해보상금, 위자료 등이 있다.

다만, 이자소득과 배당소득의 금융소득에 대해서는 열거주의가 아닌 「유형별 포괄주의」를 적용하여 과세소득을 규정하고 있다. 유형별 포괄주의는 구체적으로 열거되지 않아도 열거된 것과 유사한 것에 대해서는 과세할 수 있다는 주의이다. 이는 금융기법의 발전으로 날마다 새로운 금융상품이 생겨나는 상황에서 별도의 세법 개정없이 금융소득을 과세할 수 있도록 하여 과세기반을 확충하고 조세의 공평성을 제고하기 위함이다.

4. 다양한 인적공제제도

소득세에는 최저생계비를 보장하고 공평과세를 달성하기 위하여 각 개인의 인적 사정을 고려한 다양한 인적공제제도를 두고 있다. 특히 종합소득은 부양가족의 수나 상황에 따라 공제되는 금액에 차이가 있다.

5. 초과누진세율

소득세는 과세표준의 크기에 따라 6~45%의 8개의 세율구간을 설정하여 소득이 증가할수록 높은 세율이 적용되는 초과누진세율구조로 운영된다. 부동산을 신고하지 않고 거래하는 미등기자산의 양도소득의 경우에는 기본세율 외에도 70%의 높은 세율로 과세하므로 주의해야 한다.

6. 자진신고납부제도

소득세는 납세자가 자진신고 납부하는 자진신고납부제도로 과세표준과 세액이 확정된다. 종합소득의 과세기간은 1월 1일부터 12월 31일까지의 1년으로 납세의무자는 과세기간이 끝난 다음 해 5월 1일에서 5월 31일까지 본인의 과세표준과 세액을 스스로 확정하여 주소지 관할 세무서에 신고하고 세액을 자진 납부해야 한다.

제 03 절 종합소득세의 계산구조

1. 종합소득세의 계산절차

종합소득세의 계산절차는 <그림 1>과 같다.

그림 1 종합소득세의 계산절차

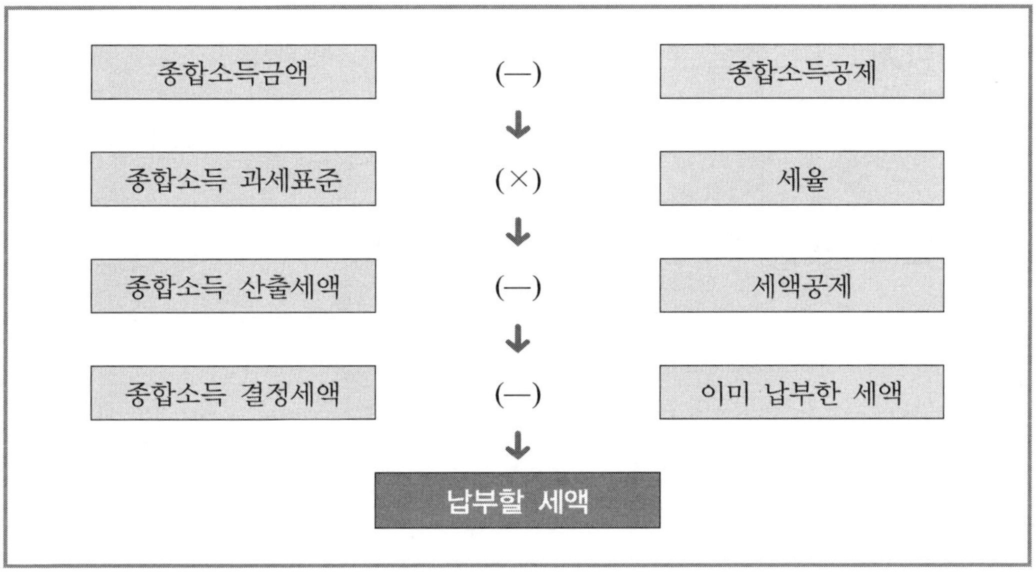

(1) 1단계 : 소득별 소득금액을 계산한다.

종합소득으로 합산되는 금융소득(이자소득 · 배당소득) · 사업소득 · 근로소득 · 연금소득 · 기타소득에 대하여 각 소득별로 소득금액을 계산한다. 소득금액은 연간 총수입금액에서 필요경비를 공제한 금액이다. 총수입금액이란 근로소득의 경우 근로의 대가로 받은 모든 대가를 의미하고, 사업소득의 경우에는 매출액을 말한다. 필요경비는 총수입금액을 벌기 위하여 지출된 금액을 의미한다. 다만, 이자소득과 배당소득에 대해서는 필요경비를 인정하지 않기 때문에 총수입금액 전체가 소득금액으로 계산된다.

(2) 2단계 : 소득별로 계산한 소득금액을 합산하여 종합소득금액을 계산한다.

1단계에서 계산된 금융소득(이자소득 · 배당소득) · 사업소득 · 근로소득 · 연금소득 · 기타소득의 소득금액을 합산하여 종합소득금액을 계산한다.

(3) 3단계 : 종합소득 과세표준을 계산한다.

종합소득금액에서 종합소득공제를 차감하면 종합소득 과세표준이 산출된다.

(4) 4단계 : 종합소득 산출세액을 계산한다.

종합소득 과세표준에서 소득세 초과누진세율을 곱하여 종합소득 산출세액을 계산한다.

(5) 5단계 : 종합소득 납부세액을 계산한다.

종합소득 산출세액에서 각종 세액공제 및 세액감면을 차감하면 종합소득 결정세액이 산출된다. 만약 이미 납부한 세액이 있다면, 이를 차감하여 종합소득 납부세액을 계산한다.

2. 종합소득공제제도

종합소득공제는 크게 ① 부양가족의 수 및 구성에 따라 적용되는 인적공제, ② 사회보험료 등 담세력의 감소를 초래하는 지출항목에 대한 특별소득공제, ③ 「조세특례제한법」상 소득공제로 구분된다. 공제는 항목별로 정해진 금액까지만 인정되고, 1년 단위로 공제되며 월 또는 일 단위로는 나누어 계산하지 않는다.

(1) 인적공제

인적공제는 납세의무자의 최저생활비를 보장하기 위한 제도로 기본공제와 추가공제로 구성되고, 부양가족의 수 및 구성에 따라 다르게 적용된다.

1) 기본공제

기본공제대상자는 본인, 배우자 및 부양가족으로 구성된다. 본인과 연간 소득금액 합계액이 100만원 이하(근로소득만 있는 경우 총급여액 500만원 이하)인 배우자, 부양가족에 대해서 1인당 연 150만원을 종합소득에서 기본공제한다. 부양가족에는 거주자의 직계존속(60세 이상), 직계비속(20세 이하), 형제자매(20세 이하 또는 60세 이상), 국민기초생활수급자, 위탁아동 등이 있다. 기본공제 적용 시 배우자는 생계를 같이해야 한다는 요건이 없으나, 부양가족의 경우 주민등록표의 동거가족으로서 현실적으로 생계를 같이 하는 자를 말한다.

배우자에게는 연령제한이 없지만, 소득금액의 제한이 있다. 하지만 부양가족의 경우 연령과 소득금액 모두에 제한이 있다. 다만, 장애인의 경우 현실적으로 경제활동의 어려움이 있으므로 연령의 제한은 없다.

2) 추가공제

추가공제는 기본공제대상자가 다음의 조건을 만족할 경우 일정 금액을 기본공제에 더하여 추가로 공제해 주는 제도로, 경로우대자, 장애인, 한부모, 부녀자에 대해서 적용된다.

경로우대공제는 기본공제대상자가 70세 이상인 경우 1인당 100만원, 장애인공제는 기본공제대상자가 장애인인 경우 1인당 200만원을 추가공제한다. 부녀자 추가공제는 부양가족이 있는 여성세대주 또는 배우자가 있는 여성의 종합소득금액이 3천만원 이하인 경우에 한해 1인당 50만원을 추가공제한다. 한부모공제는 배우자가 없고, 부양자녀나 입양자가 있는 한부모 가족에 대한 추가공제로 연 100만원을 추가공제한다. 한부모공제와 부녀자공제는 중복해서 적용받을 수 없다.

(2) 특별소득공제

특별소득공제는 근로소득이 있는 거주자에게 적용되는 제도로, 연금보험료공제와 주택자금공제로 구성된다.

연금보험료공제의 경우 거주자 본인의 공적연금(국민연금 · 공무원연금 · 군인연금 · 사립학교교직원연금 등)보험료 · 건강보험료 · 장기요양보험료 · 고용보험료, 즉 4대 보험료 전액을 대상으로 한다. 근로소득자의 보장성보험료 및 장애인전용 보장성보험료는 근로소득세액공제 대상이다.

주택자금공제는 근로소득자 중 주택을 소유하지 않은 세대주가 해당 과세기간에 주택자금을 지급한 경우 근로소득금액에서 공제하는 제도로서 무주택 근로자의 주택임차차입금 원리금상환액, 장기주택저당차입금 이자상환액이 소득공제의 대상이 된다.

(3) 「조세특례제한법」상 소득공제

「조세특례제한법」상 소득공제에는 주택마련저축공제, 투자조합출자 등 소득공제, 우리사주조합 출연금 소득공제, 소기업·소상공인 공제부금 소득공제, 고용유지 중소기업 근로자 소득공제, 장기집합투자증권저축 소득공제, 청년형 장기펀드 소득공제 등이 있다.

특히 근로소득자의 신용카드 등의 사용금액에 대하여 일정 금액만큼을 소득공제한다. 이는 중산층의 세부담을 경감하고, 사업자의 매출을 양성화하기 위하여 1999년 9월에 도입되었다.

3. 세율

종합소득세는 종합소득 과세표준에 다음의 세율을 적용하여 산출한다. 특히 과세표준의 크기에 따라 8개의 세율구간을 설정하고 소득이 증가할수록 높은 세율이 적용된다.

예를 들어, 과세표준이 500만원이라면 소득세 산출세액은 500만원×6%=30만원이 된다. 만약 과세표준이 1억원이라면, 소득세의 산출세액은 1,400만원× 6%+(5,000만원－1,400만원)×15%+(8,800만원－5,000만원)×24%+(1억원－8,800만원)×35%=840,000원+5,400,000원+9,120,000원+4,200,000원=19,560,000원이 된다. 이는 15,360,000원+4,200,000원=19,560,000원으로 구할 수도 있다.

〈표 2〉 종합소득 과세표준 구간 및 세율

과세표준 구간	세율	적 용
1,400만원 이하	6%	–
1,400만원 초과 5,000만원 이하	15%	84만원+ (1,400만원 초과금액의 15%)
5,000만원 초과 8,800만원 이하	24%	624만원+ (5,000만원 초과금액의 24%)
8,800만원 초과 1.5억원 이하	35%	1,536만원+ (8,800만원 초과금액의 35%)
1.5억원 초과 3억원 이하	38%	3,706만원+(1억 5천만원 초과금액의 38%)
3억원 초과 5억원 이하	40%	9,406만원+ (3억원 초과금액의 40%)
5억원 초과 10억원 이하	42%	17,406만원+ (5억원 초과금액의 42%)
10억원 초과	45%	38,406만원+ (10억원 초과금액의 45%)

제 04 절 소득세의 절세방법

1. 분할 납부

납부세액이 1,000만원이 넘는다면, 분할 납부할 수 있다. 분할 납부할 경우 별도의 수수료나 이자비용이 들지 않기 때문에 분할납부하는 것이 유리하다. 분할 납부를 신청한 경우에는 신고기한 내에 납부할 세액을 납부하지 아니하거나 일부만을 납부한 경우에도 납부기한이 지나지 않은 분할 납부 세액에 대해서는 가산세를 부과하지 않는다. 따라서 예를 들면 납부세액이 1,500만원인 경우는 1,000만원은 신고할 때 내고, 500만원은 신고기한 경과 후 2개월 이내에 납부하면 된다. 확정신고·납부세액은 신고서에 분할 납부할 세액을 구분하여 기재하면 된다.

2. 기한 내 납부

납부기한까지 세금을 납부하지 않은 경우 또는 고의로 세금납부를 회피한 경우에는 재산압류, 신용불량자 등록, 출국제한, 면허취소(관허사업의 경우), 가산세 부과 등의 불이익을 받을 수 있다. 따라서 반드시 기한 내에 납부하도록 한다.

메모

60

IS IT ENOUGH FOR YOU ?

60

IS IT ENOUGH FOR YOU ?

24

HOURS

30

DAYS

IS IT ENOUGH FOR YOU ?

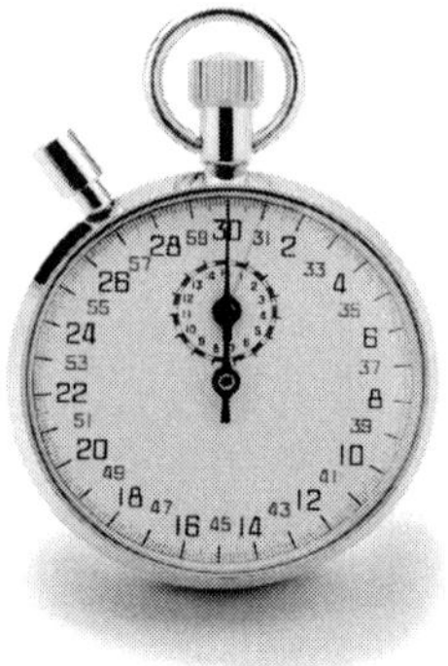

chapter

04 근로소득과 연말정산

contents

제 01 절 원천징수와 연말정산

1. 연말정산

소득세는 1년 간의 소득에 대하여 다음 해 5월에 자진 신고 납부한다. 다만, 매월 급여로 생활하는 근로소득자가 소득세를 일시에 납부하는 것은 경제적 부담이 크고, 조세 행정의 측면에서도 효율적이지 않다. 따라서 근로소득에 대한 세금은 원천징수의무자인 사업자나 소속기관이 매월 급여를 지급할 때, 간이세액표에 따라 소득세를 원천징수한 후, 다음 해 2월분 급여에서 정확한 근로소득세 금액을 정산하게 되는 데 이를 연말정산이라고 한다. 즉 연말정산은 원천징수 세액을 정산하는 과정이다.

근로소득자는 연말정산을 위해 소득공제나 세액공제 항목과 관련된 증빙서류를 소득공제신고서와 함께 원천징수의무자에게 제출해야 하고, 원천징수의무자는 다음 해 1월 말까지 근로소득자의 연말정산을 일괄처리하여 관할 세무서에 제출해야 한다. 그리고 2월 급여 지급 시에 세법규정과 증빙서류에 따라 정확하게 근로소득세가 계산된다.

2. 근로소득세의 납부

근로소득에 대한 간이세액표는 원천징수의무자가 근로소득자에게 월급을 지급할 때 원천징수해야 하는 세액을 매월 급여액과 부양가족 수에 따라 국세청이 정한 기준표이다. 근로자는 본인의 부담 수준에 맞게 원천징수세액을 간이세액표의 80%, 100%, 120%로 선택가능하다.

급여 이외에 다른 소득이 없다면, 근로소득자의 납세의무는 연말정산으로 종결된다. 만약 다른 소득이 있다면 연말정산을 한 후 다른 소득과 근로소득을 합산하여 다음 해 5월의 종합소득세 신고·납부기간에 종합소득세 확정신고를 하고, 세금을 납부해야 한다.

제 02 절 근로소득금액의 계산

〈표 1〉 근로소득세의 계산구조

계산구조	참고사항
연간급여액	• 1월 1일부터 12월 31일까지, 1년간
(−) 비과세근로소득	
총급여액	
(−) 근로소득공제	• 필요경비를 획일적으로 공제함
근로소득금액	
(−) 각종 소득공제	• 인적공제, 특별공제, 기타공제
과세표준	
(×) 세율	• 과세표준의 구간에 따라 누진세율 적용
산출세액	
(−) 세액공제 및 세액감면	• 근로소득, 자녀, 연금계좌, 특별 세액공제
결정세액	
(−) 기 납부세액	• 원천징수 세액
납부(환급)할 세액	• 다음 해 2월분 월급에서 정산

1. 총급여액

총급여액은 연간급여액에서 비과세근로소득을 공제한 금액이다.

일반적으로 근로계약에 따라 근로를 제공하고 그 대가로 지급된 봉급·급료·보수·수당세비·상여금·직무발명보상금 등이 연간급여액에 해당한다. 특히 근로의 대가로 받은 것은 명칭과 상관없이 급여액에 포함하여, 기본금·상여금·식비보조금·시간외근무수당·출산보육수당·연구보조비·가족수당 등을 모두 급여액으로 본다. 또한 기밀비·교제비 및 사업을 위하여 사용한 것이 분명하지 않은 급여도 급여액으로 포함한다. 이와 같이 세법에서 보는 근로소득의 범위는 근로기준법에서 보는 통상적인 임금의 범위보다 훨씬 넓다.

연간급여액에서 공제하는 비과세근로소득은 다음을 포함한다.

(1) 실비변상적인 급여

- 일직료, 숙직료, 여비(실비변상 정도의 금액), 자기차량운전보조금 : 종업원이 소유하거나 본인 명의로 임차한 차량을 종업원이 직접 운전하여 업무 수행에 이용하고 출장 여비 등을 받는 대신에 정해진 지급 기준에 따라 받는 금액은 월 20만원까지 비과세함.
- 연구보조비 또는 연구활동비 중 월 20만원 이내의 금액
- 국가, 지방자치단체가 지급하는 보육교사 처우개선비 등
- 취재수당 · 벽지근무수당 · 지방이전지원금 중 월 20만원 이내의 금액 등

(2) 복리후생적 급여의 비과세

- 사택을 제공받음으로써 얻는 이익
- 중소기업의 종업원이 주택의 구입 · 임차 자금을 대여받음으로써 얻는 이익
- 「영유아보육법」에 따라 사업주가 부담하는 보육비용
- 사용자가 부담하는 보험료

(3) 생산직 근로자 등의 비과세 급여

생산 및 그 관련직에 종사하는 월정액 급여 210만원 이하로서 직전 과세기간의 총급여액이 3천만원 이하인 근로자가 받는 연 240만원 이내의 연장근로 · 야간근로 · 휴일근로수당은 비과세한다.

(4) 국외 근로소득의 비과세

해외 또는 북한 지역에서 주재하면서 근로를 제공하고 받는 급여를 말하는

것으로, 비과세한도는 월 100만원이다. 만약 원양어업 선박, 국외 등을 항해하는 선박 또는 국외 등의 건설 현장에서 근로(설계 및 감리 업무 포함)를 제공하고 받는 보수의 경우에는 월 500만원을 한도로 한다. 다만, 출장·연수 등을 목적으로 출국한 동안의 급여 상당액은 국외 근로소득으로 보지 않는다.

(5) 그 밖의 비과세 근로소득

구분	내 용
근로자 본인의 학자금	• 초·중등교육법, 고등교육법에 따른 학교(외국에 있는 교육기관 포함)와 근로자직업능력개발법에 의한 직업능력 훈련시설의 수업료 등으로서 다음 요건을 갖춘 학자금은 비과세함. – 해당 근로자가 종사하는 사업체의 업무와 관련 있는 교육·훈련을 위하여 받는 것일 것 – 해당 근로자가 종사하는 사업체의 규칙 등에 의하여 정하여진 지급기준에 따라 받는 것일 것 – 교육·훈련기간이 6월 이상인 경우 교육·훈련 후 당해 교육기간을 초과하여 근무하지 아니하는 때에는 지급받은 금액을 반납할 것을 조건으로 하여 받는 것일 것 • 소득세가 비과세되는 수업료 등은 교육비 세액공제 대상에서 제외
육아휴직 급여 등	• 고용보험법에 따라 받는 실업급여, 육아휴직 급여 등과 제대군인 지원에 관한 법률에 따른 전직지원금, 공무원 또는 사립학교교직원 등이 관련 법령에 따라 받는 육아휴직수당(사립학교 직원이 사립학교 정관 등에 의해 지급받는 월 150만원 이하의 육아휴직수당 포함)
위자료 성질의 급여	• 근로자가 근로제공으로 인한 부상·질병·사망과 관련해 근로기준법 및 산업재해보상보험법에 의해 그 유가족이 지급받는 유족보상금과는 별도로 사용자로부터 지급받는 위자료 성질의 급여
건강보험료 등 사용자 부담분	• 국민건강보험법·고용보험법·노인장기요양보험법에 따라 국가·지방자치단체 또는 사용자가 부담하는 부담금
식사 또는 식사대	• 근로자가 사내 급식 또는 이와 유사한 방법으로 제공받는 식사, 기타 음식물, 식사 기타 음식물을 제공받지 아니하는 근로자가 받는 월 20만원 이하의 식사대

구분	내 용
출산보육수당	• 근로자 또는 배우자의 출산이나 6세 이하(과세기간 개시일을 기준으로 판단) 자녀의 보육과 관련하여 사용자로부터 받는 급여로서 월 20만원 이내의 금액 • 6세 이하의 자녀 2인 이상을 둔 경우에도 자녀 수에 상관없이 월 20만원 이내의 금액을 비과세
근로장학금	• 교육기본법에 따라 받는 장학금 중 대학생이 근로를 대가로 지급받는 장학금
직무발명보상금	• 발명진흥법에 따른 직무발명으로 받은 연 700만원 이하의 금액

2. 근로소득금액

근로소득금액은 총급여액에서 근로소득공제 금액을 차감하여 계산한다. 일반적으로 소득금액은 총수입금액에서 필요경비를 차감하여 계산한다. 그러나 근로소득의 필요경비는 개인별로 차이가 크고, 객관적으로 확인하기도 어렵다. 따라서 세법에서는 근로소득금액의 필요경비를 획일적으로 일정 금액을 공제하는데, 이를 근로소득공제라고 한다. 근로소득공제 금액은 다음과 같이 총급여액 구간에 따라 차등적으로 공제 비율이 적용되고, 공제한도는 2,000만원이다.

〈표 2〉 근로소득공제

총급여액 구간	근로소득공제 금액
500만원 이하	총급여액의 70%
500만원 초과 1,500만원 이하	350만원+(총급여액− 500만원)×40%
1,500만원 초과 4,500만원 이하	750만원+(총급여액−1,500만원)×15%
4,500만원 초과 1억원 이하	1,200만원+(총급여액−4,500만원)× 5%
1억원 초과	1,475만원+(총급여액− 1억원)× 2%

총급여액이 400만원인 경우, 근로소득공제 금액은 400만원×70%=280만원이 된다. 총급여액이 1,000만원인 경우에는 350만원+(1,000만원−500만원)×40%=550만원이 공제금액이 되고, 총급여액이 1억원이라면, 근로소득공제 금액은 1,200만원+(1억원−4,500만원)×5%=1,475만원이 된다.

근로소득공제 금액이 총급여액에서 차지하는 비중을 구하면, 400만원의 경우에는 70%(320만원÷400만원), 1,000만원의 경우에는 55%(550만원÷1,000만원), 1억원의 경우에는 14.75% (1,475만원÷10,000만원)가 되어, 총급여액이 높을수록 근로소득공제 금액의 비중은 낮아진다.

제 03 절 소득공제와 산출세액

1. 소득공제

근로소득의 과세표준은 근로소득금액에서 소득공제를 차감하여 산출한다. 소득공제는 크게 (1) 인적공제, (2) 특별소득공제, (3) 「조세특례제한법」상 소득공제로 구분된다. 과도한 소득공제의 적용을 배제하기 위해 특별소득공제 및 기타 소득공제의 합계액이 연 2,500만원을 초과하는 경우, 초과 금액은 소득공제를 받을 수 없고, 다시 과세표준에 합산해야 한다.

(1) 인적공제

인적공제는 납세의무자의 최저생활비를 보장하기 위한 제도로 기본공제와 추가공제로 구성되며, 부양가족의 수와 구성에 따라 다르게 적용된다.

〈표 3〉 인적공제의 요약

	구분	공제요건	공제금액
기본공제	본인	–	1인당 150만원
	배우자	• 소득금액 100만원 이하(근로소득만 있는 경우 총급여 500만원 이하)	1인당 150만원
	부양가족	• 자녀 : 20세 이하 • 직계존속 : 60세 이상 • 형제자매 : 20세 이하, 60세 이상 • 소득금액 100만원 이하(근로소득만 있는 경우 총급여 500만원 이하)	1인당 150만원
추가공제	경로우대	• 70세 이상	1인당 100만원
	장애인	• 장애인	1인당 200만원
	부녀자	• 부양가족이 있는 여성 • 배우자가 있고, 종합소득금액 3,000만원 이하	50만원
	한부모	• 배우자가 없고, 직계비속(입양자 포함)이 있는 경우 • 부녀자 공제와 중복시에는 한부모공제만 적용	100만원

(2) 특별소득공제

특별소득공제는 근로소득자에게 적용되는 제도로, 보험료공제와 주택자금공제로 구성된다.

〈표 4〉 특별소득공제 요약

구 분		공제대상	대상자
보험료	공적연금보험료	본인 부담 보험료	근로소득자
	국민건강보험료		
	노인장기요양보험료		
	고용보험료		
주택자금	주택임차차입금	원리금 상환액의 40%	
	장기주택저당차입금	이자상환액	

근로소득자가 해당 과세기간에 본인의 공적연금(국민연금 · 공무원연금 · 군인연금 · 사립학교교직원연금 등)의 보험료, 국민건강보험법, 고용보험법 또는 노인장기요양보험법에 따라 근로자가 부담하는 보험료를 지급한 경우 근로자가 부담한 보험료 전액을 근로소득금액에서 공제한다.

주택자금공제는 근로소득자 중 주택을 소유하지 않는 세대주가 해당 과세기간에 주택자금을 지급한 경우 근로소득금액에서 공제하는 제도로서 무주택 근로자의 주택임차차입금 원리금상환액과 장기주택저당차입금 이자상환액이 소득공제 대상이다.

1) 주택임차차입금 원리금상환액 공제

과세기간 종료일 현재 주택을 소유하지 아니한 세대의 세대주(일정 요건의 세대원 및 외국인 포함)로서 근로소득이 있는 거주자(일용근로자 제외)가 국민주택규모의 주택을 임차하기 위하여 대출기관 또는 대부업자가 아닌 거주자로부터 일정한 요건을 갖춘 주택임차자금을 차입하여 원리금을 상환하는 경우에는 그 금액의 100분의 40에 해당하는 금액을 해당 과세기간의 근로소득금액에서 공제한다.

① 공제대상자

- 근로소득이 있는 거주자로서 과세기간 종료일 현재 무주택 세대의 세대주
- 세대주가 주택임차차입금 원리금상환액, 장기주택저당차입금 이자상환액 및 주택청약종합저축 공제를 받지 아니하는 경우에는 근로소득이 있는 세대원
- 일정 요건을 갖춘 근로소득이 있는 외국인

② 공제금액

원리금상환액의 40%를 근로소득금액에서 공제하되, 주택마련저축 공제금액과 주택임차차입금 원리금 상환액 공제금액의 합계액이 400만원을 초과하는 경

우에는 그 초과하는 금액은 없는 것으로 한다.

2) 장기주택저당차입금 이자상환액 공제

근로소득자로서 주택을 소유하지 아니하거나 1주택을 보유한 세대의 세대주(일정 요건의 세대원 및 외국인 포함)가 취득 당시 주택의 기준시가 6억원 이하인 주택을 취득하기 위하여 그 주택에 저당권을 설정하고, 금융회사 등 또는 주택도시기금법에 따른 주택도시기금으로부터 차입한 장기주택저당차입금의 이자를 지급하였을 때에는 해당 과세기간에 지급한 이자상환액은 일정 한도 내에서 그 과세기간의 근로소득금액에서 공제한다.

① 공제대상자

근로소득이 있는 거주자(일용근로자 제외)로서 과세기간 종료일 현재 주택을 소유하지 아니하거나 1주택을 보유한 세대의 세대주

② 공제금액 및 한도액

해당 과세기간에 지급한 이자상환액을 해당 과세기간의 근로소득금액에서 공제하지만, 장기주택저당차입금 이자상환액 공제금액과 주택임차차입금 원리금 상환공제 금액 및 주택마련저축 공제금액의 합계액이 아래의 금액을 초과하는 경우에는 그 초과하는 금액은 없는 것으로 한다.

〈표 5〉 장기주택저당차입금 이자상환액 조건별 공제한도

상환기간 15년 이상			상환기간 10년 이상
고정금리+비거치식	고정금리 또는 비거치식	기타	고정금리 또는 비거치식
2,000만원	1,800만원	800만원	600만원

(3) 「조세특례제한법」상 소득공제

「조세특례제한법」상 소득공제에는 주택마련저축공제, 투자조합출자 등 소득

공제, 우리사주조합 출연금 소득공제, 장기집합투자증권저축 소득공제 등이 있다.

주택마련저축공제는 총급여액 7천만원 이하이면서 무주택자인 근로자(세대주)의 주택 청약종합저축 납입액(연 납입한도 240만원)에 대하여 40%의 소득공제를 적용하는 제도로 2025년 12월 31일까지 적용된다.

벤처투자조합 출자 등 소득공제는 벤처조합 등에 출자 또는 투자한 금액에 대해 2년 이내에 10% 공제율을 적용한다. 벤처기업 등에 대한 투자(엔젤 투자)의 경우 투자액 3천만원 이하에는 100%, 3천만원 초과 5천만원 이하에는 70%, 5천만원 초과 시에는 30%의 공제율을 적용한다. 공제한도는 해당 과세연도 종합소득금액의 50%이며, 동 제도는 2025년 12월 31일까지 적용된다.

우리사주조합 출연금 소득공제는 해당 연도 출연금액에 대해 연 400만원 한도(벤처기업의 우리사주조합원의 경우 1,500만원)로 공제한다.

(4) 신용카드 등 사용금액 소득공제

근로소득자의 신용카드 등의 사용금액에 대하여 일정 금액을 소득공제한다. 신용카드 등 사용금액에 대한 소득공제는 근로소득자의 신용카드 사용금액의 연간 합계액이 총급여액의 25%(최저사용금액)를 초과하는 경우 그 초과분에 대하여 해당 과세연도 근로소득금액에서 공제하는 제도로 2025년 12월 31일까지 적용된다.

공제금액은 총급여액의 25%를 초과하는 지급수단별(신용카드, 직불 · 체크 · 선불카드, 현금영수증), 사용처별(도서 · 신문 · 공연 · 미술관 · 박물관 · 영화관람료, 전통시장, 대중교통) 사용액에 해당 공제율을 곱해 합산하여 계산한다. 단, 도서 · 신문 · 공연 · 미술관 · 박물관 · 영화관람료(이하 '도서 등') 사용분은 총급여 7천만원 이하인 경우에만 적용된다. 공제한도는 급여수준 별로 다르게 적용되는데, 총급여액 7천만원 이하인 경우, 연간 300만원이 적용되고, 총급여액이 7천만원 초과하는 경우에는 연간 250만원까지 적용된다. 도서 등 사용분, 전통시장 사용분, 대중교통 사용분이 있는 경우 이들 사용분 합산액에 급여수준 별로 300만원 혹은 200만원의 추가 공제한도를 부여한다. 신용카드 등 사용금액에 대한 급여수준별 소득공제한도는 다음의 표와 같다.

〈표 6〉 신용카드 등 사용액에 대한 소득공제

제도	항　　목	공제율 기본
소득 공제율	신용카드	15%
	현금영수증, 직불 · 선불카드	30%
	도서 · 신문 · 공연 · 박물관 · 미술관 · 영화관람료 사용분	30%
	전통시장 사용분	40%
	대중교통 사용분	40%
소득공제 한도	총급여 7천만원 이하	300만원
	총급여 7천만원 초과	250만원
	'도서 등', '전통시장', '대중교통' 사용분	300만원 추가 (총급여 7천만원 초과시 200만원)

신용카드 등의 사용자는 근로소득자 본인과 연간 소득금액이 100만원 이하의 배우자 및 생계를 같이하는 직계존 · 비속의 부양가족을 포함한다. 신용카드 등의 사용자는 연령 제한이 없으므로, 20세를 초과하는 자녀라도 소득금액이 없다면 공제대상 사용자가 될 수 있다. 신용카드 등의 사용금액은 신용카드 뿐만 아니라 직불카드, 기명식 선불카드, 현금영수증의 지급수단을 포함한다.

그러나 거래나 소득의 포착이 쉬운 각종 보험료와 공교육비, 세금 · 공과금 · 아파트 관리비 등의 납부에 신용카드 등을 사용한 경우에는 공제금액에서 제외된다. 또한 외국에서 사용한 신용카드 등의 사용액도 공제금액에서 제외된다.

2. 과세표준과 세율

근로소득금액에서 소득공제를 차감하면 근로소득의 과세표준이 산출되고, 과세표준에 세율을 적용하면 산출세액이 구해진다. 근로소득은 종합소득의 일부이므로 근로소득세 역시 종합소득 과세표준과 세율을 적용하여 세액을 산출한다. 예를 들어 과세표준이 8,000만원이라면, 소득세 산출세액은 624만원+(8,000만원－5,000만원)×24%＝1,344만원이 된다.

〈표 7〉 종합소득 과세표준 구간 및 세율

과세표준 구간	세율	적 용
1,400만원 이하	6%	－
1,400만원 초과 5,000만원 이하	15%	84만원+ (1,400만원 초과금액의 15%)
5,000만원 초과 8,800만원 이하	24%	624만원+ (5,000만원 초과금액의 24%)
8,800만원 초과 1.5억원 이하	35%	1,536만원+ (8,800만원 초과금액의 35%)
1.5억원 초과 3억원 이하	38%	3,706만원+(1억 5천만원 초과금액의 38%)
3억원 초과 5억원 이하	40%	9,406만원+ (3억원 초과금액의 40%)
5억원 초과 10억원 이하	42%	17,406만원+ (5억원 초과금액의 42%)
10억원 초과	45%	38,406만원+ (10억원 초과금액의 45%)

제 04절 세액공제와 결정세액

세액공제는 특정 요건을 충족한 납세의무자의 산출세액에서 일정 금액을 공제함으로써 해당 금액만큼의 세액의 납부를 면제하는 것을 말한다. 특히 근로소득자의 경우, 「유리지갑」이라고 불릴 정도로 소득포착률이 높기 때문에 사업소득과 같은 다른 소득의 종류에 비해서 조세부담이 상대적으로 높다. 이에 근로소득자의 세부담을 경감하고, 특정 정책으로의 유도 등과 같은 공익목적을 실현하고자 세액공제제도를 실시하고 있다. 대표적인 세액공제제도에는 근로소득 세액공제, 자녀세액공제, 특별세액공제 등이 있다.

〈표 8〉 세액공제의 주요 내용

<table>
<tr><th colspan="2">구 분</th><th>주요 내용</th></tr>
<tr><td colspan="2">근로소득 세액공제</td><td>• 산출세액 130만원 이하분 55%, 산출세액 130만원 초과분 30% 공제, 20～74만원 한도(총급여 수준이 증가할수록 세액공제한도 축소)
• 총급여 1.2억원 초과 시 근로소득세액공제 최대 20만원</td></tr>
<tr><td colspan="2">자녀세액공제</td><td>• 공제대상 자녀(8세 이상 · 출산입양 자녀) 인원 및 유형에 따라 공제</td></tr>
<tr><td colspan="2">연금계좌 세액공제</td><td>• 연금계좌 납입액(900만원, 연금저축 600만원)에 대해 12%(종합소득금액 4,500만원 이하, 근로소득만 있는 경우 총급여액 5,500만원 이하 15%)를 공제</td></tr>
<tr><td colspan="2">특별세액공제</td><td>• 보장성보험료 · 의료비 · 교육비 · 기부금에 대한 세액공제 및 표준세액공제</td></tr>
<tr><td>기타공제</td><td>월세세액공제</td><td>• 무주택 세대주로서 총급여액 5,500만원 이하 근로소득자는 17%, 5,500만원 초과 7,000만원 이하 근로소득자는 15%의 월세액공제를 750만원 한도에서 적용</td></tr>
</table>

(1) 근로소득 세액공제

근로소득 세액공제는 산출세액이 있는 근로소득자(일용근로자 포함)가 적용받을 수 있는 세액공제제도이다. 근로소득 세액공제는 근로소득이 사업소득에 비해 과세포착률이 높고 원천징수제도에 의하여 소득세액이 조기에 납부되므로 이에 대한 보상적 성격으로 적용하는 것이다.

〈표 9〉 근로소득 세액공제

<table>
<tr><th colspan="2">근로소득 산출세액</th><th>근로소득 세액공제 금액</th></tr>
<tr><td rowspan="2">일반근로자</td><td>130만원 이하</td><td>• 근로소득 산출세액의 55%</td></tr>
<tr><td>130만원 초과</td><td>• 71.5만원+(130만원 초과금액의 30%)
• 한도액 : 총급여액에 따라 달라짐
－3,300만원 이하 : 74만원
－3,300만원~7,000만원 : Max[74만원－(총급여액－3,300만원)×0.8%, 66만원]
－7,000만원 초과 : Max[66만원－(총급여액－7,000만원)×50%, 50만원]
－1.2억원 초과 : Max[50만원－[(총급여액－1.2억원)×50%, 20만원]</td></tr>
<tr><td colspan="2">일용근로자</td><td>• [(일 급여액－일 150,000원)×6%]×55%</td></tr>
</table>

(2) 자녀세액공제

자녀세액공제는 종합소득이 있는 거주자의 기본공제대상자에 해당하는 자녀로서 8세 이상인 자녀에 대해 1명인 경우 연 25만원, 2명인 경우 연 55만원, 3명 이상인 경우 [연 55만원+(자녀 수－2명)× 연 40만원]의 금액을 산출세액에서 공제하는 제도이다. 한편 과세기간 동안 출산 또는 입양 신고한 경우에는 그 자녀가 첫째인 경우에는 연 30만원, 둘째인 경우에는 연 50만원, 셋째 이상인 경우에는 연 70만원을 산출세액에서 공제한다.

〈표 10〉 자녀세액공제

자녀 수	세액공제 금액
1명	• 연 25만원
2명	• 연 55만원(30만원 추가)
3명 이상인 경우	• 55만원+(자녀수-2명)×40만원
※ 8세 이상인 경우에 적용되며, 8세 미만의 아동에게는 아동수당이 지급됨.	

Example 01

근로소득자에게 10세, 12세, 15세의 자녀가 있다면, 자녀세액공제 금액은 얼마인가?

풀이 및 해답

자녀가 3명 이상인 경우, 자녀세액공제 금액은 연 55만원+(3명-2명)×연 40만원=95만원으로 계산된다. 따라서 자녀세액공제 금액은 95만원이다.

(3) 연금계좌 세액공제

연금계좌 세액공제는 종합소득이 있는 거주자가 연금계좌에 납입한 금액이 있는 경우 해당 과세기간의 종합소득 산출세액에서 연금계좌 납입액의 일정 비율에 해당하는 금액을 공제하는 제도이다. 연금계좌 세액공제는 소득금액에 따라 차등 적용된다.

종합소득금액이 4,500만원 이하(근로소득만 있는 경우에는 총급여액 5,500만원 이하)인 거주자는 세액공제대상 연금계좌 납입액의 15%를 산출세액에서 공제하며, 종합소득금액이 이를 초과하는 경우에는 세액공제대상 연금계좌 납입액의 12%를 산출세액에서 공제한다.

세액공제대상 연금계좌 납입액은 연금저축계좌 납입액과 퇴직연금계좌 납입액의 합계로 계산하며, 2023년 1월 1일 이후 납입분부터는 연령 및 소득과 무관하게 연금계좌 세액공제대상 납입한도가 900만원(연금저축 600만원)으로 상향되었다.

다만, 연금계좌를 중도해지하는 경우에는 기타소득으로 간주되어 기타소득세가 과세된다. 기타소득의 세율은 20%로 세액공제율 15%(혹은 12%)보다 높으므로 주의해야 한다.

〈표 11〉 근로소득자의 연금계좌 세액공제

총급여액	공제율	공제 납입한도 (퇴직연금 포함)
5,500만원 이하	15%	900만원 (연금저축은 600만원)
5,500만원 초과	12%	

(4) 특별세액공제

1) 보장성보험료 세액공제

보장성보험이란 만기에 환급되는 금액이 납입한 보험료를 초과하지 않는 보험으로, 보장성보험의 대표적인 종류에는 자동차보험, 생명보험 등이 있다. 보장성보험료 세액공제는 근로소득자가 과세기간에 보장성보험의 보험료를 지급한 금액에 대해 일정 비율의 금액을 세액에서 공제하는 것이다.

세액공제율에 따라 일반적인 보장성보험료와 장애인전용 보장성보험료로 구분할 수 있다. 기본공제대상자를 피보험자로 하는 일반적인 보장성보험료의 경우 세액공제액은 보험료 납입금액(연 100만원 한도)의 12%에 해당하는 금액이다. 기본공제 대상자 중 장애인을 피보험자 또는 수익자로 하는 장애인전용 보장성보험료의 경우 세액공제액은 보험료 납입금액(연 100만원 한도)의 15%에 해당하는 금액이다.

2) 의료비 세액공제

의료비 세액공제는 근로소득이 있는 거주자가 기본공제대상자를 위해 과세기간에 지출한 의료비의 일정 비율을 과세기간 산출세액에서 공제하는 것이다. 여기에서의 기본공제대상자는 부양가족이 기본공제 요건 중 연령이나 소득금액 요건을 충족하지 않아도 근로자가 부양가족을 위해 지출한 의료비에 대해서는 공제가능하다. 의료비 세액공제액은 일반의료비, 본인 등 의료비, 미숙아 및 선천성 이상아 치료를 위해 지급한 의료비 및 난임시술비의 세액공제액을 합한 금액이다.

공제 대상 금액 한도 및 공제율은 의료비 지출 대상에 따라 다소 달라지는데, 예를 들어 일반의료비 세액공제액은 기준 초과 일반의료비와 연 700만원 중 적은 금액의 15%에 해당하는 금액이다. 여기서 기준 초과 일반의료비는 총급여액의 3%를 초과하는 금액으로, 만약 일반의료비가 총급여액의 3%를 초과하지 않는다면 일반의료비 세액공제액은 0원이 된다.

공제 대상 의료비는 의료기관에 지급한 비용, 의약품(한약 포함), 보청기 구입비용, 산후조리원 비용으로서 출산 1회당 200만원 이내의 금액(총급여액 7천만원 이하 근로자에 해당), 장애인 의료기기 구입 또는 임차, 시력보정용 안경 또는 콘택트렌즈 구입비용 금액(1명당 연 50만원 이내) 등을 포함한다.

그러나 미용이나 성형 수술을 위하여 지급한 비용, 건강 증진을 위하여 구입한 영양제나 보약에 대한 지출액, 외국 소재의 의료기관에 지출한 비용은 의료비 세액공제를 받을 수 없다. 또한 의료비 지출액 중 실비보험이나 암보험과 같이 보험회사로부터 보전받은 금액은 세액공제를 받을 수 없다.

<표 12> 의료비 세액공제

<table>
<tr><th>지출 대상별 의료비 구분</th><th>세액공제
대상 금액 한도</th><th>세액공제율</th></tr>
<tr><td>• 일반 기본공제대상자(연령 · 소득 요건 미적용)</td><td>연 700만원</td><td rowspan="2">15%</td></tr>
<tr><td>• 본인
• 65세 이상, 6세 이하
• 장애인
• 중증질환자나 희귀난치성질환자 또는 결핵환자</td><td rowspan="3">한도 없음</td></tr>
<tr><td>• 미숙아 및 선천성 이상아</td><td>20%</td></tr>
<tr><td>• 난임시술비(의약품 구입비용 포함)</td><td>30%</td></tr>
<tr><td colspan="3">• 총급여액 7천만원 이하 근로소득자의 산후조리원 비용은 출산 1회당 200만원을 세액 공제 대상금액의 한도로 한다.</td></tr>
</table>

Example 02

총급여액 5,000만원인 근로소득자가 부양가족을 위해 지급한 의료비가 550만원, 의약품구입비가 80만원이다. 의료비 세액공제 금액은 얼마인가?

풀이 및 해답

우선, 총급여액의 3%를 구한다. 총급여액 5,000만원×3%=150만원이다.
일반의료비는 550만원+80만원=630만원이다. 의료비 세액공제 대상금액은 150만원을 초과한 630만원−150만원=480만원이 된다. 따라서 의료비 세액공제 금액은 480만원×15%=72만원이다.

3) 교육비 세액공제

교육비 세액공제는 근로소득자가 기본공제대상자(연령요건 미적용)를 위해 과세기간에 지급한 교육비에 대해 일정 비율의 금액을 세액에서 공제하는 것이다.

세액공제 대상이 되는 교육비는 다음과 같다. 본인을 제외한 기본공제대상자로 대학생에 대해 1명당 연간 900만원, 고등학생 이하인 경우 1명당 연 300만원(대학수학능력시험 응시료 포함)까지 세액공제 대상 금액에 포함한다.

본인에 대한 교육비는 본인의 교육에 사용한 교육비(대학, 대학원, 직업능력개발훈련시설, 학자금대출의 원리금 상환액 포함) 전액이 세액공제 대상 금액이 된다.

기본공제대상자인 장애인에 대해서는 장애인의 재활교육을 위해 지급하는 특수교육비 전액이 세액공제 대상 금액이 된다. 교육비 세액공제 대상 금액에 15%를 적용한 금액을 교육비 세액공제액으로 한다.

교육비에는 방과후학교 수강료, 교과서대, 급식비(어린이집, 유치원생, 초·중·고등학생), 현장학습비(1인당 연 30만원), 교복구입비(1인당 연 50만원)도 포함하며, 근로자 본인의 경우에는 대학원 교육비도 포함한다. 특히 취학 전 아동의 경우 학원 수강료도 포함 가능하고, 국외 유학비도 국내 교육비와 대상 금액 한도가 같다. 그러나 초·중·고등학생 자녀의 사설학원 수강료는 포함되지 않으므로 주의해야 한다.

〈표 13〉 교육비 세액공제

지출 대상별 교육비 구분		세액공제 대상 금액 한도
근로자 본인		전액
기본공제 대상자 (직계존속 제외)	• 취학 전 아동 • 초·중·고등학생	1명당 연 300만원 한도
	• 대학생	1명당 연 900만원 한도
	• 대학원생	–
장애인 특수교육비(직계존속 포함)		전액

Example 03

1년 동안 근로소득자 본인의 대학원 등록금 800만원, 기본공제 대상자인 고등학생 자녀의 사설학원 수강료가 500만원, 대학생 자녀의 대학교 등록금 700만원을 지출하였다면, 교육비 세액공제를 받을 수 있는 금액은 얼마인가?

풀이 및 해답

교육비 세액공제 대상금액은 800만원(본인)+700만원(자녀)=1,500만원이다. 그러므로 세액공제 금액은 1,500만원×15%=225,000원이다. 특히 고등학생 자녀의 사설학원 수강료는 교육비 세액공제 대상 금액에 포함되지 않는다는 점에 주의한다.

4) 기부금 세액공제

기부금 세액공제는 거주자가 해당 과세기간에 지급한 공익성 기부금에 대하여 일정 비율의 금액을 세액에서 공제하는 것이다.

세액공제 대상 기부금에는 국가 등에 지출한 기부금, 우리사주조합 기부금, 사회복지·문화 등 공익성을 고려한 지정기부금 단체 중 비종교단체에 기부한 기부금, 종교단체에 기부한 기부금이 있으며 각 기부금의 한도액은 다음의 표와 같다. 계산된 세액공제 대상 기부금이 1천만원 이하인 경우에는 기부금 세액공제 대상 금액의 15%를 공제하고, 세액공제 대상 기부금이 1천만원을 초과하는 경우에는 초과금액에 대해서 30%를 추가 공제한다.

2023년 1월 1일부터 「고향사랑 기부금에 관한 법률」에 따라 기부한 금액에 대해서도 연간 500만원 한도의 기부금 중 10만원 이하는 전액, 10만원 초과분에 대해서는 15%의 세액공제 혜택이 주어진다.

<표 14> 기부금의 종류 및 세액공제

<table>
<tr><th>종류</th><th>기부금 세액공제 대상 금액 한도</th><th>세액공제율</th><th>이월공제 여부</th></tr>
<tr><td rowspan="2">정치자금기부금(①)</td><td rowspan="2">근로소득금액－①</td><td>• 10만원 이하 : 100/110</td><td rowspan="2">×</td></tr>
<tr><td>• 10만원 초과 : 15%
• (3천만원 초과시 25%)</td></tr>
<tr><td>법정기부금(②)</td><td>근로소득금액－①</td><td rowspan="4">• 1천만원 이하 : 15%
• 1천만원 초과 : 30%</td><td>○
(10년)</td></tr>
<tr><td>우리사주조합 기부금(③)</td><td>(근로소득금액－①－②)×30%</td><td>×</td></tr>
<tr><td>지정기부금
(종교단체기부금이 있는 경우)</td><td>(근로소득금액－①－②－③)×10%＋[(근로소득금액－①－②－③)의 20%와 종교단체 외에 지급한 금액 중 적은 금액]</td><td>○
(10년)</td></tr>
<tr><td>지정기부금
(종교단체기부금이 없는 경우)</td><td>(근로소득금액－①－②－③)×30%</td><td>○
(10년)</td></tr>
<tr><td>고향사랑기부금</td><td>연 500만원 한도</td><td>• 10만원 이하 : 전액공제
• 10만원 초과 : 15%</td><td></td></tr>
</table>

5) 표준세액공제

한편 근로소득자 중 특별세액공제, 특별소득공제 및 「조세특례제한법」에 따른 월세 세액공제를 신청하지 않은 사람에 대해서는 표준세액공제 연 13만원을 근로소득 산출세액에서 공제한다.

⑸ 기타공제 : 월세 세액공제

월세액에 대한 세액공제는 무주택자인 근로소득자가 지급하는 월세액(한도 1,000만원)에 대해 공제를 신청하는 일정 비율의 금액을 산출세액에서 공제하는 것이다. 해당 과세기간의 총급여액이 5,500만원(종합소득금액 4,500만원) 이하인 때에는 17%, 5,500만원 초과 8천만원(종합소득금액 7천만원 초과자 제외) 이하인 경우에는 15%의 공제율을 적용하여 산출세액에서 공제한다.

월세액은 국민주택규모 이하 혹은 기준시가 4억원 이하의 주택 및 준주택 중 오피스텔, 다중생활시설(고시원)을 임차하기 위해 지급하는 것을 말한다.

제 05절 근로소득세 참고사항

⑴ 특별세액공제 대상 금액의 신용카드 결제

만약 특별세액공제 대상 금액을 신용카드로 결제하였다면, 신용카드 소득공제와 세액공제의 중복적용은 다음의 표와 같이 적용된다.

〈표 15〉 신용카드로 결제로 인한 소득공제와 세액공제의 중복적용 여부

<table>
<tr><th colspan="2">구 분</th><th>세액공제</th><th>소득공제</th></tr>
<tr><td colspan="2">신용카드로 결제한 의료비</td><td>의료비 가능</td><td>공제 가능</td></tr>
<tr><td colspan="2">신용카드로 결제한 보장성보험료</td><td>보험료 가능</td><td>공제 불가</td></tr>
<tr><td rowspan="2">신용카드 학원비</td><td>취학 전 아동</td><td>교육비 가능</td><td rowspan="2">공제 가능</td></tr>
<tr><td>그 외</td><td>교육비 불가</td></tr>
<tr><td colspan="2">신용카드로 결제한 교복구입비</td><td>교육비 가능</td><td>공제 가능</td></tr>
<tr><td colspan="2">신용카드로 결제한 기부금</td><td>기부금 가능</td><td>공제 불가</td></tr>
</table>

(2) 영수증으로 인한 절세효과

물건을 사거나 서비스를 제공받고 그 대가를 현금으로 지급하는 경우에는 꼭 현금영수증을 발급받도록 한다. 현금영수증도 신용카드와 같이 소득공제의 혜택이 있기 때문이다.

4대 보험과 같은 공적 보험료는 전액 소득공제가 되고, 사적 보장성보험도 연 100만원 한도에서 12%의 세액공제를 받을 수 있다. 단, 맞벌이 부부가 계약자가 본인이고 피보험자가 배우자인 경우에는 모두 공제받을 수 없다.

영수증이나 증빙서류 없이는 소득공제나 세액공제를 받을 수 없으므로 불우이웃성금을 하더라도 꼭 증빙서류를 발급받아 기부금 세액공제를 받도록 한다.

chapter 05

금융소득 · 연금소득 · 퇴직소득

contents

제01절 금융소득의 종류

금융소득은 이자소득과 배당소득을 말한다.[1] 소득세법은 이자소득과 배당소득의 종류를 각각 열거하고 있으며 다음과 같은 구체적인 소득 유형을 포함한다.

1) 소득세법 제14조 제3항

1. 이자소득

이자소득은 자본의 사용 대가로 발생하는 소득을 말한다. 주요 항목은 다음과 같다.

(1) 예금 · 적금 등에서 발생하는 이자

1) 국내 또는 국외에서 받는 예금의 이자

금융기관의 예금, 적금, 부금 등 금융상품의 이자는 이자소득으로 과세된다.

2) 신용부금 등으로 인한 이익

상호저축은행법에 따른 상호신용계 또는 신용부금으로 인한 이익도 예금이자의 일종이므로 이자소득으로 과세된다.

(2) 채권 또는 증권의 이자와 할인액

1) 국채, 지방채의 이자

정부, 지방자치단체가 발행한 채권 또는 증권에서 발생하는 이자와 할인액을 말한다.

2) 회사채의 이자

내국법인과 외국법인이 발행한 채권 또는 증권의 이자와 할인액을 말한다.

(3) 금융상품 및 보험 관련 이자

1) 보험차익

저축성 보험의 해지환급금에서 발생하며 환급금과 납입보험료의 차이를 말한다. 저축성 보험은 목돈을 마련하기 위한 보험상품이며, 보장성 보험은 사망·상해·질병·재해 등에 대비하기 위한 보험상품이다. 보장성 보험은 저축의 목적이 아니므로 이자소득으로 과세하지 않는다. 저축성 보험의 경우에도 보험유지기간이 10년 이상으로 일정요건을 갖춘 경우 이자소득 과세대상에서 제외된다.

2) 환매조건부 채권(RP) 매매차익

금융기관이 일정기간후 다시 사겠다는 약정을 한 후 투자자에게 매각하는 채권을 환매조건부 채권이라 한다. 투자자는 약정일에 약정된 가액으로 해당 채권을 금융기관에 매각하여야 하며, 매각 대금과 해당 채권의 매입가액의 차이가 매매차익이다. 이 차익은 채권매매차익이 아니라 이자소득으로 과세된다.

일반적으로 채권매매차익은 과세대상에서 제외되나 환매조건부 채권의 매매차익은 매매형태이지만 실질적으로 금융기관에 예금하고 약정된 이자를 받는 구조와 유사하여 이자소득으로 본다.

(4) 특정 금융거래에서 발생하는 이자

1) 직장공제회 초과반환금

직장공제회는 법률에 의해 동일 직장이나 직종에 종사하는 근로자들의 생활안정, 복지 증진 또는 상호부조 등의 목적으로 구성된 단체를 말한다. 근로자가 퇴직 등으로 인해 직장공제회로부터 받는 반환금에서 납입공제료를 차감한 금액을 초과반환금이라 하며 이자소득으로 본다.

2) 비영업대금의 이자

사업목적이 대금업이 아닌 자가 금전을 대여하여 이자수입을 얻는 것을 말한다.

3) 그 밖의 이와 유사한 소득으로서 금전 사용에 따른 대가로서의 성격이 있는 것

열거된 소득 외에 유사한 소득으로 금전의 사용에 대한 대가의 성격이 있는 것은 이자소득으로 과세한다.

2. 배당소득

배당소득은 주로 주식 및 출자금에서 발생하는 소득을 말한다. 주요 항목은 다음과 같다.

1) 법인 배당금

주식회사, 유한회사 등 법인으로부터 지급받는 배당금이 이에 해당한다.

2) 집합투자기구로부터의 이익

투자신탁, 공모펀드, 사모펀드 등 집합투자기구로 부터의 이익은 어떤 투자대상에 투자, 운용하여 발생한 이익인지를 구분하지 않고 배당소득으로 본다. 다만 상장주식과 벤처기업주식의 매매차익(평가차익 포함)은 과세소득으로 보지 아니한다.

3) 출자공동사업자배당

공동사업장의 소득을 출자지분율에 따라 배분받은 금액을 말한다.

4) 의제배당

회사의 자본감소, 해산, 합병 등에 의해 그 대가가 취득가액을 초과하는 경우 그 초과금액을 배당소득으로 본다. 또한 잉여금처분에 의해 무상주를 취득한 경우 그 액면가액을 배당으로 본다.

5) 주식배당

주식배당(stock dividend)은 회사가 현금 대신 추가 주식을 발행하여 주주에게 지급하는 배당 방식이다. 즉, 주주는 배당금을 현금으로 받는 것이 아니라 주식을 받는다. 주식배당을 받은 경우, 과세 대상이 되는 배당소득금액은 그 주식의 시가가 아닌 액면가액으로 한다.

제 02 절 금융소득의 과세방식

금융소득(이자소득과 배당소득)에 대한 세금 부과 방식은 원천징수와 종합과세로 나눌 수 있다. 금융소득이 얼마나 발생했는지에 따라 세금 부과 방식과 세율이 달라진다. 구체적인 세금 부과 방식은 다음과 같다.

1. 원천징수 방식

금융기관 등에서 금융소득을 지급할 때 소득세 상당액을 공제하여 지급하고, 징수한 세액은 징수 다음달 10일까지 정부에 납부해야 한다. 이를 원천징수라 하며 이자소득과 배당소득의 원천징수세율은 15.4%(소득세 14%와 지방소득세 1.4%)이다.

연간 금융소득이 2천만원 이하인 경우 원천징수로서 납세의무가 종결되므로 다른 소득과 합산하지 않는다. 또한 2017년 이전에 발행된 장기채권의 이자와 할인액 중 분리과세를 신청한 경우와 법원보관금의 이자소득 등은 금액과 관계없이 무조건 분리과세되어 다른 소득과 합산하지 않는다.

한편 특정한 이자소득과 배당소득에 대해 비과세 혜택을 제공하고 있다. 이러한 비과세는 농어민과 서민층의 자산 형성과 생활 안정을 지원하고 국민의 저축을 장려하는 등 정부의 정책적 수단으로 활용하고 있다. 주요한 비과세는 다음과 같다.

<표 1> 금융소득세 비과세 금융상품의 예

구분	항목	혜택 유형	적용 요건 요약	적용기한
이자	조합예탁금	비과세	농협 · 수협 · 신협등의 조합 예탁금(1인당 연 3천만원 한도)에서 발생하는 이자	2025.12.31까지 가입분
이자 배당	ISA 계좌	비과세	3년 이상 유지 시 일반형 200만원, 서민형 · 청년형 400만원까지 비과세	계속
이자 배당	비과세종합저축	비과세	65세이상인 거주자 등에게 1인당 5천만원 이하의 비과세종합저축에서 발생하는 이자와 배당소득	2025.12.31까지 가입분
이자	장병내일준비적금	비과세	현역병 등이 가입하는 적금에서 발생하는 이자(월 55만원 한도)	2026.12.31.까지 가입분
이자	청년우대형 주택청약종합저축	비과세	만 19~34세, 총급여액 3천6백만원 이하, 무주택 세대주, 연 500만원 한도	2026.12.31까지 가입자에 한함
이자 배당	청년도약계좌에서 발생하는 이자와 배당	비과세	청년으로서 총급여액 7,500만원 이하, 납인한도 연 840만원 이하	2025.12.31까지 가입분

주 : 2025년 현재

2. 종합과세 방식

비과세금융소득과 무조건 분리과세 금융소득을 제외한 금융소득이 2,000만원을 초과하면, 다음 해 종합소득세 신고 시 다른 종합소득(근로소득, 사업소득 등)과 합산하여 과세된다. 금융소득이 종합소득에 합산되면 누진세율에 따라 최종 세금이 결정된다. 이를 금융소득종합과세라 한다.

금융소득 종합과세는 일정액 이상의 금융소득에 대해 다른 종합소득과 합산하여 소득세를 과세하는 제도로서 2001년부터 시행되었다. 계층간, 소득종류간 과세의 형평성을 제고하며, 2천만원을 초과하는 고액소득자에게만 과세하여 금융시장에 미치는 영향을 최소화하고 지나친 행정부담을 피하기 위한 것이다.

금융소득이 2,000만원을 초과하는 경우 아래와 같이 비교하여 과세한다.

(1) 일반산출세액

2,000만원까지는 14%의 원천징수세율을 적용하고, 2,000만원 초과액은 소득세 기본세율을 적용하여 종합소득산출세액을 계산한다.

(2) 비교산출세액

금융소득 전체에 대하여 원천징수세율 14%를 적용하여 산출세액을 계산한다.

위의 '(1)'과 '(2)'의 금액을 비교하여 그 중 큰 금액을 종합소득 산출세액으로 한다.

예를 들어, 종합과세되는 금융소득금액이 1억원이라고 가정하자.

(1) 일반산출세액(단, 소득공제 510만원으로 가정)

(1억원－510만원－2,000만원)×기본세율＋(2,000만원×14%)

＝15,016,000원

(2) 비교산출세액

1억원×14%=14,000,000원

따라서 종합소득 산출세액은 15,016,000원이다.

'(1)'의 일반산출세액은 2천만원을 전후하여 소득세부담이 급격히 증가하는 것을 방지하고, 분리과세와의 조세형평을 위한 계산이다. 종합과세에 대한 조세저항을 줄이기 위한 계산방법이라고 할 수 있다.

'(2)'의 비교산출세액은 모든 금융소득이 분리과세되었다고 가정하여 산출한 세액으로, 종합과세에 의한 산출세액의 최저한선을 유지하기 위해서이다. 즉, 종합과세로 인한 세부담이 분리과세할 경우보다 오히려 감소하는 것을 방지하기 위함이다.

제 03 절 연금소득의 종류

연금소득이란 일반적으로 은퇴 이후 정기적으로 지급받는 소득을 말한다. 연금소득은 공적연금과 사적연금이 있다.

1. 공적연금소득

공적연금소득은 국가나 공공기관에서 지급하는 연금이며, 국민의 기본적인 생활을 보장하기 위한 것이다. 주요 항목은 다음과 같다.

(1) 국민연금

국민연금은 노후 소득보장을 위해 국가에서 시행하는 사회보장제도이다. 국민연금은 국민전체를 대상으로 의무적으로 실시하며 경제활동으로 소득이 있을 때 매월 일정액을 납부한다. 나이가 들어 생업에 종사할 수 없거나, 예기치 못한 사고나 질병으로 장애를 입거나 사망하였을 때 본인 또는 유족에게 연금을 지급하여 기본적인 생활을 유지할 수 있도록 돕는 제도이다.

(2) 공무원연금

공무원연금제도는 공무원이 퇴직하거나 사망 또는 업무 중 발생한 부상이나 장해, 질병에 대해 국가가 적절한 소득을 지급하는 것을 말한다.

(3) 군인연금

군인연금제도는 직업군인이 일정기간 성실히 복무하고 퇴직하였거나 심신의 장애로 인하여 퇴직 또는 사망한 때에 본인이나 그 유족에게 적절한 급여를 지급하는 것을 말한다.

(4) 사립학교 교직원연금

사립학교교직원연금제도는 사학재단교직원만을 위한 공적연금제도로서 법률에 의하여 가입이 의무화되어 있으며, 교직원이 퇴직·사망 시에는 퇴직급여·유족급여와 민간기업의 퇴직금에 해당하는 퇴직수당을 지급한다.

(5) 별정우체국연금

별정우체국직원을 위한 공적연금제도로서 퇴직등의 사유가 발생하였을 때 퇴직급여 등을 지급하고 있다.

2. 사적연금소득

사적연금소득은 개인이 가입한 연금저축이나 퇴직연금 등 민간 금융상품에서 연금형태로 인출하는 소득을 말하며 주요 항목은 다음과 같다.

(1) 연금저축

개인이 자율적으로 가입한 연금으로서 공적연금으로 부족한 노후 자금을 보완하는 역할을 한다. 대표적인 상품은 연금저축보험, 연금저축신탁, 연금저축펀드가 있다. 연금저축에 납입한 연금보험료 중 연금계좌세액공제를 받은 금액과 연금계좌의 운용실적에 따라 증가한 금액을 연금으로 수령하는 경우 그 연금을 말한다.

(2) 퇴직연금

퇴직소득이 연금계좌로 지급되었거나, 퇴직하여 지급 받은 날부터 60일 이내에 연금계좌에 입금되어, 퇴직 당시 퇴직소득세를 원천징수하지 않았던 퇴직소득(이연퇴직소득)이 연금계좌에서 연금형태로 인출하는 경우 그 연금을 말한다.

제 04 절 연금소득의 과세방식

연금소득금액은 총연금액에서 연금소득공제를 차감하여 계산한다.

연금소득금액 = 총연금액 − 연금소득공제

총연금액은 공적연금의 유족연금, 장애연금 등 비과세 소득을 제외한 연금소득의 합계액을 말한다.

연금소득공제는 해당 과세기간에 받은 총연금액에서 일정금액을 공제하며 900만원을 한도로 한다.

〈표 2〉 연금소득공제

연간 연금수령액	공제한도
350만원 이하	전액 공제
350만원 초과 700만원 이하	350만원 + (총연금액 − 350만원) × 40%
700만원 초과 1,400만원 이하	490만원 + (총연금액 − 700만원) × 20%
1,400만원 초과	630만원 + (총연금액 − 1,400만원) × 10%

국내에서 연금소득을 지급하는 자는 소득세 상당액을 공제하여 지급하고, 징수한 세액은 그 징수일이 속하는 달의 다음 달 10일까지 정부에 납부한다.

공적연금소득과 사적연금소득의 과세방식은 각각 다음과 같다.

(1) 공적연금소득

1) 원천징수

공적연금의 지급자는 매월 연금소득 간이세액표를 기준으로 하여 소득세를 원천징수한 후 해당 과세기간의 다음연도 12월분 공적연금소득을 지급할 때에 연말정산한다.

2) 종합과세

공적연금소득은 종합소득에 합산하여 과세한다. 다만 공적연금소득만이 있는 자는 다른 종합소득이 없는 경우 연말정산으로 과세가 종결된다.

(2) 사적연금소득

1) 원천징수

사적연금의 지급자는 이연퇴직소득의 경우 연금수령연차에 따라, 연금저축의 경우 나이에 따라 세율을 달리하여 원천징수한다.

2) 종합과세

사적연금소득은 원칙적으로 종합소득과세표준에 합산하여 과세한다. 다만 사적연금소득의 합계액이 연 1,500만원 이하인 경우 납세의무자의 선택에 따라 원천징수세율로 과세를 종결할 수 있다.

(3) 공적연금과 사적연금의 주요 차이점

〈표 3〉 공적연금소득과 사적연금소득의 비교

구분	공적연금소득	사적연금소득
소득 유형	국민연금, 공무원연금 등	연금저축, 퇴직연금 등
과세 방식	종합과세	분리과세 또는 종합과세
연금소득공제	최대 900만원 공제 가능	최대 900만원 공제 가능
비과세 항목	유족연금, 장애연금 등	세제혜택을 받지 않은 연금수령액

제 05 절 퇴직소득의 종류

퇴직소득은 근로자가 퇴직하면서 받는 금전적 보상이다. 퇴직소득은 퇴직소득세라는 별도의 과세 체계가 적용되며, 종합소득과 분리하여 과세된다.

퇴직소득은 다음과 같은 항목이 있다.

1. 퇴직을 원인으로 지급받는 소득

퇴직 시 근로자에게 지급되는 금액으로 근로기준법에 따라 퇴직 시 지급되는 금액이다. 1년 이상 근속한 근로자가 대상이며 근속연수당 1개월의 급여를 지급한다.

2. 공적연금관련법에 따라 지급받는 일시금

공적연금 관련법에 따라 퇴직 시 지급되는 공무원 퇴직수당 등을 말한다. 퇴직 후 공적연금을 연금 형태로 수령하는 경우 연금소득으로 과세된다.

제 06절 퇴직소득의 과세방식

퇴직소득은 근로기간 동안 발생하여 퇴직시점에 일시에 발생하는 소득이므로 특정연도에 소득이 집중되는 특징이 있다. 따라서 종합소득에 합산하여 누진세율로 과세하면 부당하게 높은 세율을 적용하게 되는 문제점이 있다. 이에 퇴직소득은 다른 소득과 분류하여 별도의 세율을 적용받는다.

또한, 퇴직소득을 연금계좌로 이체하면 세금 납부를 연기할 수 있는 '퇴직소득세의 과세이연' 제도가 있다. 퇴직소득세의 과세이연은 퇴직일시금이 노후생활을 보장하는 지금으로 활용되는 것을 세제지원하기 위한 제도이다. 퇴직소득을 연금계좌로 이체하는 경우 퇴직소득세를 납부하지 않고 연금계좌에서 퇴직소득이 인출될 때 소득세를 원천징수 납부한다. 연금계좌에서 연금으로 수령하는 경우 이연퇴직소득세는 연금소득으로 과세하고, 연금외수령하는 경우 퇴직소득세액 상당액을 원천징수한다.

chapter 06

사업소득 · 기타소득

contents

제01절 사업소득의 개념

1. 사업소득의 유형

사업소득이란 영리를 목적으로 계속적이고 반복적으로 수행되는 사회적 활동으로부터 발생하는 소득을 말한다.

소득세법에서는 사업소득의 유형을 다음과 같이 열거하고 있다.

- 농업, 임업, 어업
- 광업, 제조업, 건설업
- 전기, 가스, 수도업, 환경복원업

• 도소매업, 숙박 및 음식점업
• 운수업, 통신업, 금융 및 보험업
• 부동산업, 임대업, 교육서비스업
• 보건 및 사회복지사업, 예술 및 스포츠 서비스업 등

2. 비과세 사업소득

사업소득 중 일부소득은 과세되지 않으며 주요 내용은 다음과 같다.

① **논·밭을 작물 생산에 이용하게 함으로써 발생하는 소득** : 논 밭을 작물생산에 이용하게 함으로써 발생하는 소득은 비과세된다

② **1주택 소유자의 주택임대소득** : 1개의 주택을 소유한 자가 해당 주택을 임대하여 얻는 소득은 비과세된다. 다만, 기준시가가 12억원을 초과하는 주택이나 국외에 소재하는 주택의 임대소득은 비과세 대상에서 제외된다.

③ **농어가부업소득** : 농어민이 본업 외에 부업으로 얻는 소득으로서 소규모의 축산, 소득금액의 합계액이 연 3,000만원 이하인 경우 비과세된다.

④ **전통주의 제조에서 발생하는 소득** : 농어촌 지역에서 제조하여 발생하는 소득으로서 연 1,200만원 이하인 경우 비과세된다.

⑤ **조림기간 5년 이상인 임지의 임목 벌채 또는 양도로 발생하는 소득** : 조림기간이 5년 이상인 산림에서 나무를 벌채하거나 양도하여 발생하는 소득 중 연 600만원 이하의 금액은 비과세된다.

⑥ **기타 작물재배업에서 발생하는 소득** : 채소, 화훼작물, 시설작물재배 등 특정작물의 재배로 얻는 소득 중 수입금액의 합계액이 10억원 이하인 것은 비과세된다.

⑦ **어로어업 또는 양식어업에서 발생하는 소득** : 어로어업이나 양식어업에서 얻는 소득 중 연 5,000만원 이하인 소득은 비과세된다.

3. 사업소득금액의 계산

사업소득금액은 당해연도의 총수입금액에서 이에 소요된 필요경비를 공제하여 계산한다. 이를 산식으로 표하면 아래와 같다.

사업소득금액 = 총수입금액 - 필요경비

(1) 총수입금액

총수입금액이란 소득발생의 근원이 되는 수입금액을 말하는 것으로, 우리나라의 소득세법은 계속적이고 경상적인 영업에서 발생한 소득을 과세되는 사업소득으로 한다. 총수입금액은 당해연도에 수입하였거나 수입할 금액의 합계액으로 한다

(2) 필요경비

필요경비는 총수입금액을 얻기 위하여 사용하거나 소비한 비용으로 거주자의 소득금액 계산상 총수입금액에서 이에 대응하는 필요경비를 공제하여 소득금액을 계산한다.

그러나 일반적으로 용인되는 통상적인 성격이 아닌 필요경비는 총수입금액을 얻기 위한 목적으로 지출된 비용으로 보기 힘들 뿐만 아니라 총수입금액을 얻기 위한 목적으로 지출되었더라도 통상적인 범위를 초과하는 비용은 총수입금액을 얻기 위한 필수적으로 발생하는 비용이 아니라 다른 이유에 의해 지출되는 비용의 성격에 가까운 것으로 본다. 따라서 당해연도의 총수입금액에 대응하는 비용이더라도 일반적으로 용인되는 통상적인 것이 아닌 부당한 비용은 필요경비로서 공제할 수 없도록 하였다.

제 02 절 사업소득의 과세방식

일반적인 사업소득금액은 종합소득에 합산하여 종합과세한다. 원칙적으로 분리과세되지 않으며 원천징수[1]도 하지 않는다.

1. 복식부기 의무

모든 사업자는 소득금액을 계산 할 수 있도록 증빙서류 등을 비치하고 그 사업의 계산상태와 그 손익거래내용의 변동을 빠짐없이 이중으로 계산하는 부기형식의 장부에 기록하고 관리하여야 한다. 장부를 비치・기장하고 있는 사업자는 총수입금액에서 필요경비를 공제하여 소득금액을 계산한다.

2. 간편장부 대상자

소득세는 사업자가 스스로 본인의 소득을 계산하여 신고납부하는 세금이므로 모든 사업자는 장부를 비치・기장하여야 한다. 다만 간편장부대상자가 간편장부를 작성하는 경우 장부를 비치 기장한 것으로 본다.

간편장부란 다음의 사항을 개재할 수 있는 장부를 말한다.

① 매출액 등 수입에 관한 사항

② 경비지출에 관한 사항

③ 유형자산의 증감에 관한 사항, 기타참고사항

---

1) 의료보건용역 및 인적용역, 보험모집인, 접대부 등에 대한 봉사료는 예외적으로 원천징수대상이다.

간편장부를 작성할 수 있는 대상자는 다음 어느 하나에 해당하는 사업자이다.

- 당해연도에 신규로 사업을 시작하였거나
- 직전연도의 수입금액이 아래에 해당하는 사업자2)

〈표 1〉 간편장부 대상자

업 종	직전연도 수입금액
농업 및 임업, 어업, 광업, 도매업 및 소매업, 부동산매매업 기타 아래에 해당하지 않는 사업	3억원 미만
제조업, 숙박 및 음식점업, 전기·가스 및 수도사업, 건설업, 운수업, 통신업, 금융 및 보험업	1억 5천만원 미만
부동산임대업, 사업서비스업, 교육서비스업, 보건 및 사회복지사업, 사회 및 개인서비스업, 가사서비스업	7천 5백만원 미만

간편장부대상자 이외의 모든 사업자는 재산상태와 손익거래 내용의 변동을 빠짐없이 이중으로 기록한 장부를 기록·보관하여야 하며, 이를 기초로 작성된 재무제표를 신고서와 함께 제출하여야 한다. 장부를 기장하지 않는 경우의 불이익은 다음과 같다.

첫째, 복식부기의무자는 신고를 하지 않는 것으로 간주하여 산출세액의 20%와 수입금액의 0.07% 중 큰 금액을 가산세로 납부하여야 한다.

둘째, 간편장부대상자가 간편장부를 하지 않았을 경우에는 산출세액의 20%를 가산세로 납부하여야 한다. 다만 당해 과세기간에 신규로 사업을 개시한 사업자와 직전연도 수입금액이 4,800만원 미만인 사업자는 제외한다.

셋째, 사업소득이 아니라 결손인 경우 이를 인정받지 못한다.

---

2) 단, 의료업, 공인회계사 등 전문직사업자는 수입금액에 상관없이 복식부기 의무가 부여됨.

3. 장부에 의하지 않는 경우의 불이익

장부에 의해 소득금액을 계산하지 않는 사업자의 소득금액은 기준경비율과 단순경비율대상자로 나누어 다음과 같이 계산된다.

(1) 기준경비율적용제도

기준경비율제도란 장부를 기장하지 않는 사업자의 소득금액을 추계로 결정·경정하는 경우 수입금액에서 필요경비를 공제하여 소득금액을 계산함에 있어 주요경비(매입비용, 임차료, 인건비)는 증빙서류에 의해 인정하고 나머지 비용은 기준경비율에 의해 필요경비를 인정하는 제도이다.

이때 소득금액은 아래와 같이 계산된다.

1) 기준소득금액의 계산

소득금액＝MIN(①, ②)

① 기준소득금액

＝수입금액－매입비용과 사업용 유형자산 및 무형자산의 임차료

－종업원의 인건비

－기준경비(복식부기의무자 : 수입금액×기준경비율의 50%

간편장부대상자 : 수입금액×기준경비율)

② 비교소득금액[3]

＝수입금액×(1－단순경비율)×배율(복식부기의무자 : 3.4배,

간편장부대상자 : 2.8배)

3) 2027년 귀속분까지 한시적으로 비교소득금액을 적용한다.

2) 주요경비의 범위

주요경비는 매입비용과 인건비, 임차료이며 그 내역을 살펴보면 다음과 같다.

① 매입비용

상품・제품・원료・소모품・전기료 등의 매입비용과 외주가공비 및 운송업의 운반비를 말한다. 유형자산과 무형자산의 매입비용은 포함하지 않는다.

② 임차료

사업에 직접 사용하는 건축물, 기계장치 등 사업용 유형자산과 무형자산의 임차료를 말한다.

③ 인건비

종업원의 급여・임금 및 일용근로자의 임금과 실지 지급한 퇴직금을 말한다.

기준경비율제도를 적용받는 대상자는 수입금액을 기준으로 판정된다.

직전연도 수입금액의 합계액이 다음 금액 이상인 사업자 중 장부를 기장하지 않는 사업자가 해당된다.

〈표 2〉 기준경비율 적용 대상

업 종 구 분	수입금액
농업 및 임업, 어업, 광업, 도매업 및 소매업, 부동산매매업 기타 아래에 해당하지 않는 사업	6,000만원
제조업, 숙박 및 음식점업, 전기・가스 및 수도사업, 건설업, 운수업, 통신업, 금융 및 보험업	3,600만원
부동산임대업, 사업서비스업, 교육서비스업, 보건 및 사회복지사업, 사회 및 개인서비스업, 가사서비스업	2,400만원

Example 01

다음은 소매업을 영위하는 개인사업자 홍길동씨의 2025년 귀속 사업소득과 관련된 소득자료이다. 장부를 작성하지 않은 홍길동씨의 2025년 귀속 사업소득금액은 얼마인가?

1. 총수입금액	100,000,000
2. 경비 명세	
① 원재료 매입비용	20,000,000
② 건물 임차료	10,000,000
③ 종업원 인건비	30,000,000
④ 사업용 유형자산 매입비용	5,000,000

3. 홍길동씨는 기준경비율 적용대상자이며, 국세청장이 고시한 기준경비율과 단순경비율은 각각 12%와 60%이다. 단 비교소득금액이 기준경비율에 의한 소득금액이상인 것으로 가정한다.

풀이 및 해답

1. 총수익금액	100,000,000
2. 주요경비	60,000,000
3. 총수익금액×기준경비율(12%)	12,000,000
4. 기준소득금액	28,000,000

(2) 단순경비율적용제도

소규모 영세 사업자는 단순경비율에 의해 소득금액을 계산할 수 있다. 직전 연도 수입금액의 합계액이 <표 2> 기준에 미달하는 사업자와 해당 과세기간의 수입금액이 <표 1>에 미달하는 신규사업자가 장부를 기장하지 않았을 경우 단순경비율에 의해 소득금액을 계산한다.

소득금액 = 수입금액 − (수입금액 × 단순경비율)

기준경비율과 단순경비율은 국세청장이 규모와 기업의 특성 등에 따라 조사한 평균적인 경비비율을 참작하여 결정하며 업종별로 공시된다.

제 03 절 기타소득의 개념

1. 기타소득의 유형

기타소득은 정기적, 계속적이지 않은 일회성 소득으로, 이자소득, 배당소득, 근로소득, 사업소득, 연금소득, 양도소득 등 다른 소득 항목에 해당하지 않는 소득을 의미한다.

기타소득의 범위는 「소득세법」 제21조에서 규정하고 있으며, 주요 항목은 다음과 같다.

(1) 상금, 현상금, 포상금 등 : 각종 대회나 행사에서 수여되는 상금, 현상금, 포상금 등을 말한다.
(2) 복권, 경품권 당첨금 : 복권이나 경품권 등 추첨을 통해 얻은 당첨금이 포함된다.
(3) 사행행위 참가로 얻은 이익 : 「사행행위 등 규제 및 처벌특례법」에서 규정하는 행위에 참가하여 얻은 재산상의 이익이 이에 해당한다.
(4) 승마투표권 등 환급금 : 「한국마사회법」에 따른 승마투표권, 「경륜 · 경정법」에 따른 승자투표권 등에서 발생하는 환급금을 말한다.

(5) 저작권 등의 양도 또는 사용 대가 : 저작자 또는 실연자, 음반제작자, 방송사업자 외의 자가 저작권 또는 저작인접권의 양도 또는 사용의 대가로 받는 금품이 이에 해당한다.

(6) 영화필름 등 자산의 양도·대여 대가

(7) 광업권 등 권리의 양도·대여 대가 : 광업권, 어업권, 산업재산권, 산업정보, 산업상 비밀, 상표권, 영업권 등 각종 권리의 양도 또는 대여로 받은 금품을 말한다.

(8) 물품 또는 장소의 일시적 대여 대가 : 물품이나 장소를 일시적으로 대여하고 사용료로서 받는 금품이 포함된다.

(9) 공익사업과 관련하여 지역권·지상권 설정 또는 대여 대가

(10) 계약 위약·해약으로 인한 소득 : 계약의 위약 또는 해약으로 인해 받는 위약금, 배상금 등이 포함된다.

(11) 유실물 습득 또는 매장물 발견 보상금

(12) 소유자 없는 물건의 점유로 인한 소득 : 소유자가 없는 물건을 점유하여 소유권을 취득함으로써 얻는 자산이 포함된다.

(13) 특수관계인으로부터 받은 경제적 이익 : 거주자, 비거주자 또는 법인의 특수관계인으로부터 받은 경제적 이익 중 급여, 배당 또는 증여로 보지 않는 금품이 이에 해당한다.

(14) 슬롯머신 등 당첨금품 : 슬롯머신, 투전기 등 유사한 기구를 이용하여 얻은 당첨금품 등이 포함된다.

(15) 창작물에 대한 원고료, 인세 등 : 문예, 학술, 미술, 음악 또는 사진에 속하는 창작물에 대한 원작자로서 받는 원고료, 저작권사용료인 인세 등이 이에 해당한다.

(16) 재산권 알선 수수료

(17) 사례금 : 특정한 행위나 서비스에 대한 사례금이 이에 해당한다.

(18) 소기업·소상공인 공제부금 해지일시금

(19) 일시적 인적용역 제공 대가 : 고용관계 없이 다수인에게 강연을 하거나 방송 등을 통해 해설, 심사 등을 하고 받는 보수 등이 이에 해당한다.

(20) 법인세법에 따른 기타소득 처분 소득 : 법인세 세무조정 결과 기타소득으로 처분된 소득을 말한다.

(21) 연금외수령한 소득 : 연금계좌에서 세액공제를 받은 금액 등을 연금 외의 방법으로 수령한 소득이 이에 해당한다.

(22) 주식매수선택권 행사 이익 : 퇴직 전에 부여받은 주식매수선택권을 퇴직 후에 행사하거나 고용관계 없이 주식매수선택권을 부여받아 이를 행사함으로써 얻는 이익을 말한다.

(23) 뇌물로 받은 금액

(24) 알선수재 및 배임수재 금품

(25) 서화 · 골동품 양도 소득 : 서화 · 골동품의 양도로 발생하는 소득을 말한다. 서화골동품은 개당 양도가액이 6천만원 이상인 것을 말하며, 양도일 현재 생존해 있는 국내 원작자의 작품은 제외한다.

(26) 종교인소득 : 종교관련 종사자가 종교의식을 집행하는 등 활동과 관련하여 종교단체로부터 받은 소득을 말한다.

이러한 기타소득은 일반적으로 지급 시 원천징수의 대상이 되며 원천징수 세율은 20%이다. 그러나 국가 가 지급하는 상금 포상금, 종업원 등이 받는 직무발명보상금으로서 연 700만원 이하의 금액, 서화 골동품을 박물관 미술관에 양도함으로써 발생하는 소득 등은 비과세소득으로서 소득세를 부과하지 않는다.

2. 기타소득금액의 계산

기타소득금액은 해당 과세기간의 총수입금액에서 필요경비를 차감한 금액으로 계산한다.

> 기타소득금액 = 총수입금액 − 필요경비

(1) 총수입금액

총수입금액은 당해 연도에 기타소득으로 받거나 받을 금액을 말한다.

(2) 필요경비

해당 소득을 얻기 위해 실제로 지출한 비용이나, 총수입금액의 일정비율에 상당하는 금액을 필요경비로 한다. 일부 기타소득은 실제 발생한 경비의 객관적 증명이 어려운 경우가 있기 때문에 아래와 같이 총수입금액의 일정 비율을 필요경비로 인정한다.

가) 총수입금액의 80%와 실제발생 비용 중 큰 금액

- 공익법인이 주무관청의 승인을 얻은 상금과 부상
- 순위경쟁입상자가 받는 상금과 부상
- 주택입주지체상금

나) 총수입금액의 60%와 실제발생 비용 중 큰 금액

- 산업재산권 등을 양도하거나 대여하고 그 대가로 받은 금품
- 물품 또는 장소를 대여하고 연간수입금액 500만원 이하의 사용료로 받은 금품

• 일시적 문예창작소득
• 공익사업과 관련하여 지역권 · 지상권을 설정하거나 대여함으로 발생하는 소득
• 인적용역의 일시적 제공으로 인한 소득(강연, 방송출연 등)

다) 서화골동품의 법정필요경비 80%와 실제 발생비용 중 큰 금액

• 보유기간이 10년 이상인 경우와 수입금액이 1억원 이하인 경우는 90%

Example 02

가나대학은 ㈜대구의 대표이사인 김모씨의 특강에 대해 강연료 1,000,000원을 지급하였다. 지급시 원천징수할 소득세와 지방소득세는 각각 얼마인가?

풀이 및 해답

1. 총수입금액 1,000,000
2. 필요경비 600,000(총수입금액×필요경비율 60%)
3. 기타소득 400,000
4. 원천징수할 소득세 80,000(400,000×20%), 지방소득세 8,000(80,000×10%)

제 04 절 기타소득의 과세방식

기타소득은 대부분 과세 대상이며, 일정 금액 이상일 경우 세금을 납부해야 한다.

1. 원천징수

기타소득은 원천징수 대상으로, 소득을 지급하는 자가 소득금액에서 세금을 미리 공제한 후 지급한다. 원천징수한 세금은 징수일이 속하는 달의 다음달 10일까지 정부에 납부해야 한다. 일반적인 기타소득(총수입금액－필요경비)은 20%(지방소득세[4] 포함 시 22%)의 세율을 적용하여 원천징수된다.

다만 복권당첨금 등이 3억원을 초과하는 경우 3억원까지는 20%, 3억원 초과분은 30%의 원천징수 세율이 적용된다.

2. 종합과세와 분리과세

기타소득은 원칙적으로 종합과세표준에 합산하여 과세한다.

예외적으로 원천징수로서 납세의무가 종결되는 기타소득이 있다. 연금계좌에서 연금외수령한 기타소득, 서화 골동품의 양도로 발생하는 소득, 복권당첨소득 등은 원천징수로서 납세가 종결되는 분리과세 대상이다. 뇌물, 알선수재, 배임수재로 받는 금품, 계약의 위약, 해약으로 받는 위약금(배상금)으로써 계약금이 위약금(배상금)으로 대체되는 경우는 금액과 상관없이 무조건 종합과세표준에 합산한다.

---

4) 지방소득세는 원천징수하는 소득세의 10%에 해당하는 금액을 징수한다.

기타소득금액이 300만원 이하이면서 원천징수되었을 경우 분리과세와 종합과세 중 유리한 방법을 선택할 수 있다. 만약 기타소득을 합산하여 종합소득세를 계산할 때 적용되는 세율이 20%미만이라면 종합과세를 선택하는 것이 유리할 것이다.

3. 기타소득의 과세최저한

일반적인 기타소득이 건별로 5만원 이하인 경우, 복권당첨소득의 경우 건별로 200만원 이하인 경우 소득세를 과세하지 않는다.

제 05 절 기타소득, 근로소득, 사업소득의 구분

전문지식인이 고용관계 없이 직업적으로 용역을 제공하고 대가를 받는 인적용역소득은 사업소득이다. 근로계약에 의해 정기적으로 용역을 제공하면 근로소득에 해당한다. 한편, 기타소득은 소득의 원천이 일시적이고 우발적인 소득을 말한다.

예를 들면 중소기업을 운영하는 김씨는 매월 외부에서 전문강사를 초빙하여 종업원 교양강좌를 열고 있다. 1회에 백만원의 강사료를 지급하고 있으나 지금껏 원천징수를 하지 않았다. 외부강사는 근로계약에 의해 강의를 하는 것이 아니므로 근로소득에 해당하지 않는다. 사업자가 강연을 전문으로 하는 강사에게 강연료를 지급하는 경우 이는 인적 용역소득에 해당하며 사업소득으로 보는 것이 바람직하다. 그러나 사업자가 외부인사를 초청하여 일회성 특강을 하는 경우 기타소득에 해당하므로 원천징수를 하는 것이 타당하다.

메모

60

IS IT ENOUGH FOR YOU ?

60

IS IT ENOUGH FOR YOU ?

24

IS IT ENOUGH FOR YOU ?

30

IS IT ENOUGH FOR YOU ?

chapter 07

소비와 세금

contents

소비과세는 소비나 지출을 가능하게 하는 구매력을 담세력으로 하는 세금이다. 국세 중에는 부가가치세, 개별소비세, 주세, 관세, 교통 · 에너지 · 환경세 등이, 지방세 중에는 담배소비세, 레저세, 지방소비세가 소비과세의 세금에 해당한다.

소비과세는 세원의 포착이 비교적 쉽고 소비 금액의 산정이 단순하여 징세가 간편한 편이다. 부가가치세와 같은 일반소비세는 과세대상의 범위가 넓고 단일 비례세율(현행 10%)로 과세함으로써 조세로 인한 경제적 왜곡이 적다는 장점이 있다. 반면, 소득수준과 관계없이 부과되기 때문에 세부담의 역진성이 발생할 수 있다는 단점이 있다. 이러한 점을 고려하여 우리나라에서는 기초생활필수품에 대한 면세를 실시하고, 사치재에 대해서는 개별소비세를 추가로 과세하는 등 역진성을 보완하는 제도를 운용하고 있다.

제 01 절 부가가치세

1. 부가가치세의 개념과 의의

부가가치세는 재화 또는 용역에 대한 구입·소비를 담세력의 지표로 보고 과세하는 소비세이다. 부가가치세는 소비하는 장소에서 과세하는 것을 원칙으로 하기 때문에, 수출하는 재화 및 용역에는 부가가치세를 과세하지 않고, 수입 재화에는 국내 생산재와 동일하게 과세한다.

부가가치세는 모든 재화 및 용역을 과세대상으로 하는 일반소비세로서 면세 등으로 규정된 항목을 제외하고는 단일세율을 적용하고 있어, 다른 세목에 비해 경제적 왜곡이 크지 않으면서도 국가 재원 조달 측면에서 안정적인 성격을 가지는 세목으로 평가된다.

우리나라의 경우 부가가치세 제도가 도입된 이래 계속해서 10%의 단일세율을 적용하고 있다. 이는 2022년 현재 OECD 평균 19.3%의 절반 수준으로, 영국·독일·프랑스 등 유럽 국가를 비롯한 대부분의 국가보다 낮은 수준이다.

〈표 1〉 부가가치세율의 국가간 비교(2022년)

영국	독일	프랑스	이탈리아	캐나다	일본	한국	OECD 평균
20%	19%	20%	22%	5%	10%	10%	19.3%

2. 부가가치세의 과세방법과 납부

(1) 거래징수와 납부세액

부가가치세는 사업자(공급자)가 재화·용역을 공급는 각 단계마다 거래상대방(수요자)으로부터 부가가치세를 거래징수한다. 부가가치세는 공급하는 재화 또는 용역의 종류, 금액 등에 관계없이 10%의 단일세율을 적용하고 있다.

예를 들어, 다음의 그림과 같이 재화가 2단계를 거쳐 최종소비자에게 공급된다고 가정하자. 사업자 1은 사업자 2에게 재화를 공급하면서, 1,000원의 10%인 100원의 부가가치세(매출세액)를 거래징수한다. 그리고 사업자 2는 최종소비자에게 재화를 1,500원에 공급하면서 150원의 부가가치세(매출세액)를 거래징수한다. 바꾸어 말하면, 사업자 2는 사업자 1로부터 재화를 구입하면서 100원의 부가가치세(매입세액)를 내었고, 최종소비자는 사업자 2로부터 재화를 구입하면서 150원의 부가가치세를 납부하였다.

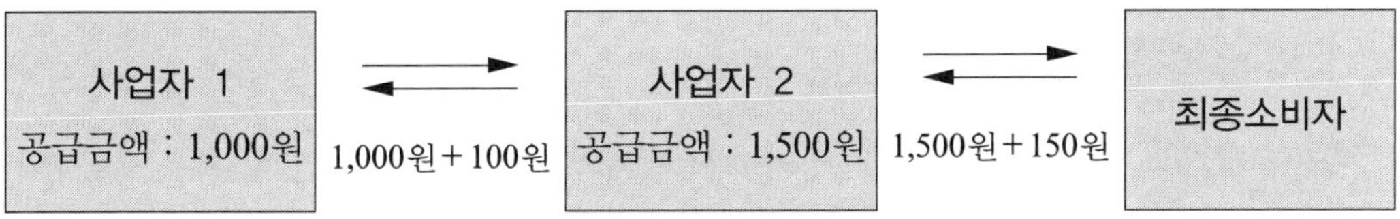

부가가치세 납부세액은 매출세액에서 매입세액을 공제하는「전단계세액공제법」으로 결정된다. 매출세액은 매출시 거래징수한 세액이고, 매입세액은 사업자가 전 단계의 사업자로부터 공급받은 재화나 용역을 매입하면서 거래징수된 부가가치세액이다. 매출세액을 초과하는 매입세액은 환급세액으로 한다. 위의 사례에서의 각 사업자들이 납부해야할 부가가치세는 다음과 같다.

사업자 1 : 매출세액 100원 − 매입세액 0원 = 100원
사업자 2 : 매출세액 150원 − 매입세액 100원 = 50원

부가가치세의 납부세액은 사업자 1, 2의 합계 150원인데, 이는 최종소비자가 재화를 구입하면서 낸 150원의 부가가치세 금액과 일치한다. 즉, 부가가치세의 납세의무자는 재화나 서비스를 판매하는 사업자이지만, 이를 실제로 부담하는 사람들은 최종소비자이다. 이와 같이 부가가치세는 실제 세부담을 지는 소비자와 납세의무자가 일치하지 않는 간접세 구조를 가지고 있다. 이러한 부가가치세 과세구조 하에서는 각 거래의 매입세액 징수를 증명하기 위한 세금계산서 제도가 필수요건이다.

(2) 신고와 납부

부가가치세는 최종소비자에게 전가되는 간접세로, 소비자는 실제로 세금을 부담하는 담세자이지만, 법률적으로 납세의무자는 아니다. 부가가치세의 납세의무자는 재화 또는 용역을 공급하는 사업자이다. 사업자는 과세사업자와 면세사업자로 구분되는데, 원칙적으로 모든 사업자는 납세의무자에 해당하지만 「부가가치세법」에 열거된 면세 재화 또는 용역을 공급하는 면세사업자는 부가가치세의 납세의무를 지지 않는다.

부가가치세의 과세기간은 일반 과세사업자의 경우 개인사업자 혹은 법인의 형태와는 관계없이 1년을 2개의 과세기간으로 나누어 6개월을 하나의 과세기간으로 하고(1기 : 1월 1일부터 6월 30일까지, 2기 : 7월 1일부터 12월 31일까지), 과세기간 종료 후 25일 이내에 신고·납부해야 한다.

3. 부가가치세의 면세

(1) 부가가치세 면세 항목

부가가치세는 구매력을 담세력으로 하는 일반소비세이다. 그러나 소비자의 부담을 경감하고 부가가치세의 역진성을 보완하기 위한 정책적 목적으로 면세 제도가 도입되어 있다. 현행 「부가가치세법」에서는 기초생활필수품, 국민후생 용역, 문화 관련 재화·용역, 부가가치 생산요소 등의 부문에 면세를 적용하고 있다. 그 외에도 「조세특례제한법」에 도서지방 석유류, 공장·광산·건설 사업장 및 학교 구내식당의 음식 용역 등에 대해 한시적으로 면세를 적용하고 있다.

〈표 2〉 부가가치세 면세항목

구분	항 목
기초생활 필수품	• 미가공식료품 • 국산 비식용 농·축·수·임산물 • 수돗물 • 연탄과 무연탄 • 여성용 생리처리 위생용품 • 대중여객운송용역(항공기·우등고속버스·전세버스·택시·고속철도 제외) • 주택과 그 부수토지의 임대용역 등
국민후생	• 의료보건용역(치료 이외의 미용·성형 등의 의료용역, 일부 동물진료용역 제외)과 혈액 • 교육용역
문화	• 도서·신문·잡지·방송 등(광고 제외) • 예술창작·예술행사·문화행사·아마추어 운동경기 • 도서관·과학관·박물관·동물원·식물원 입장 등
생산요소	• 토지 • 금융·보험 용역(보호예수 등 일부 부수용역 제외) • 저술가·작곡가 등의 인적용역 등
기타	• 우표, 인지, 복권 • 저가의 제조담배 • 국가·지방자치단체·지방자치단체조합이 공급하는 일정한 재화 또는 용역 • 국가·지방자치단체·지방자치단체조합에 무상으로 공급하는 재화 또는 용역 등

구분	항 목
조세특례제한법	• 도서지방 석유류 • 공장 · 광산 · 건설사업장 및 학교 구내식당의 음식용역 • 농어업 대행용역 • 국민주택 및 건설용역 • 공동주택 및 노인복지주택의 관리용역 • 영구임대주택에 대한 난방용역 • 온실가스 배출권 • 정부업무대행단체 공급 재화·용역 • 시내버스 및 마을버스용 천연가스 버스 • 간이사업자에 대한 개인택시운송사업용 자동차 • 희귀병치료제 • 영유아용 기저귀와 분유

(2) 부가가치세 면세 항목의 확대

부가가치세 면세는 소비자 부담 경감 및 역진성 보완 등을 목적으로 기초 생활 필수품, 국민 후생용역, 문화 관련 재화 및 서비스, 부가가치세 생산요소 등에 대하여 적용된다. 정책적 필요성이 인정되는 항목에 대해서는 부가가치세 면세 항목이 확대되어 왔다. 일반 고속버스 여객운송용역이 2014년에 면세 대상에 추가되었고, 2020년에는 시내버스 사업자 조합이 위탁을 통하여 공급하는 음식 용역, 2022년에는 주택연금 담보신탁주택 처분 등의 항목이 추가되었다.

〈표 3〉 부가가치세 주요 면세 항목 신설

시행	내 용
2014년	일반 고속버스 여객운송용역
2015년	연극 및 무용, 온실가스 배출권
2016년	액상형 분유, 어작업 대행용역 면세 확대
2019년	수소버스 부가가치세 면세
2020년	시내버스 사업자 조합의 위탁 공급 음식용역, 행복기숙사 시설관리 운영권 및 기숙사 이용용역
2022년	주택연금 담보신탁주택 처분

제 02 절 개별소비세

1. 개별소비세의 개념과 의의

개별소비세는 1997년 7월에 부가가치세 단일세율에 따른 세부담의 역진성을 완화하고 사치성 물품의 소비를 억제하기 위하여 「특별소비세」라는 명칭으로 도입되었다. 이후 국민소득이 증가함에 따라 보석, 귀금속, 전자제품, 청량음료, 휘발유 등 당초 과세대상 물품이 사치성 소비재가 아닌 일반 국민 누구나 구입가능한 물품이 되면서 사치세의 기능이 약화되었다. 이에 2007년 12월 자동차, 휘발유 등 사회적 비용을 유발하는 물품에 대한 교정과세의 의미가 부각되도록 「개별소비세」라는 명칭으로 개정되었다.

개별소비세는 특정한 물품의 구입, 특정한 장소로의 입장, 특정한 장소에서의 유흥음식 및 영업행위에 대하여 부과하는 소비세로, 과세대상이 특정되어 있다는 측면에서 모든 재화 또는 용역의 소비에 대해 부과되는 일반소비세인 부가가치세와 구별된다. 개별소비세는 과세권의 주체가 국가이므로 국세에 해당하며, 조세수입의 사용 목적이 특정되지 않은 보통세이다. 한편, 개별소비세의 과세대상에 대해서는 교육세와 농어촌특별세가 부가세(surtax)의 형태로 같이 부과된다.

현재 개별소비세 과세대상에는 보석, 귀금속, 모피 등의 고급 재화가 포함되어 있어 여전히 사치재에 대한 소비과세로 역진세에 대한 보완기능이 있다고 할 수 있다. 그러나 2021년 기준 개별소비세 징수액은 9.6조원이지만, 사치성 물품으로부터의 세수는 24억원으로 크지 않고, 대부분이 자동차, 담배, 유류, 발전용 유연탄으로부터 징수되고 있다.

2. 개별소비세의 과세대상 및 세율

(1) 개별소비세의 과세대상

개별소비세의 과세대상은 물품, 과세장소 입장행위, 과세유흥장소 영업행위, 과세영업장소 영업행위로 구분된다. 개별소비세 과세물품에는 오락용품, 고급재화, 자동차, 유류, 담배가 포함되며, 개별소비세를 부과할 과세장소인 경마장, 경륜장, 경정장, 투전기를 설치한 장소, 골프장, 카지노의 입장행위, 유흥주점 및 외국인전용 유흥음식점 내 유흥음식행위, 「관광진흥법」 등에 따라 허가를 받은 카지노 내 영업행위에도 개별소비세가 과세된다.

개별소비세 도입 당시와는 달리 국민소득의 증가로 특정 과세물품이 사치성 물품으로 인식되지 않게 되면서 사치세의 성격이 약화됨에 따라 2016년부터 녹용, 로열젤리, 방향용 화장품, 고급사진기가 개별소비세 부과대상에서 제외되었다. 반면 2015년에는 정부의 금연 종합대책의 일환으로 흡연율을 낮추어 국민건강을 증진하기 위해 담배를 개별소비세 과세대상에 포함하였으며, 2017년 11

월부터는 궐련형 및 고체형 전자담배를, 2021년부터는 연초의 잎이 아닌 뿌리, 줄기 등 다른 부분으로 만든 담배에 대해서도 과세하는 등 점차 과세대상의 범위를 확대했다.

또한, 2016년부터 경마·경륜·경정장의 장외발매소는 화상으로 경주를 보며 배팅하는 시설로서 시내에 설치되어 있어 본장보다 접근이 용이하고 사행성을 조장할 수 있다는 점을 감안하여 경마장·경륜장·경정장 장외발매소 입장행위에 대해 부과하는 세율을 2배 인상하였다.

〈표 4〉 개별소비세 과세대상

종류		세부품목
물품	오락용품	• 투전기, 오락용 사행기구, 그 밖의 오락용품, 수렵용 총포류
	고급재화	• 보석·귀금속제품·고급모피(500만원을 초과하는 부분의 가격) • 고급시계·고급융단·고급가방(200만원을 초과하는 부분의 가격) • 고급가구(개당 500만원/조당 800만원을 초과하는 부분의 가격)
	자동차	• 승용자동차(배기량 1,000cc 이하 제외), 캠핑용자동차, 이륜자동차, 전기승용자동차
	유류	• 등유 및 이와 유사한 대체유류, 중유 및 이와 유사한 대체유류, 프로판(석유가스), 부탄(석유가스) • 천연가스, 부생연료유, 유연탄
	담배	• 피우는 담배(제1종 궐련, 제2종 파이프담배, 제3종 엽궐련, 제4종 각련, 제5종 전자담배, 제6종 물담배) • 씹거나 머금는 담배, 냄새 맡는 담배
과세장소 입장행위		• 경마장, 경륜장 및 경정장, 투전기를 설치한 장소, 골프장, 카지노
유흥음식행위		• 유흥주점, 외국인전용 유흥음식점 및 그 밖에 이와 유사한 장소
과세영업장소 영업행위		• 「관광진흥법」 등에 따라 허가를 받은 카지노(외국인전용 카지노에 외국인이 입장하는 경우 제외)

(2) 세율

「개별소비세법」은 과세대상에 따라 세율을 각각 규정하고 있으나, 경기 조절, 가격 안정, 수급 조정 등 국민경제의 효율적 운용에 필요한 경우 또는 유가 변동에 따른 지원사업의 재원 조달에 필요한 경우에는 기본세율의 30%의 범위에서 탄력세율을 적용할 수 있다. 현재 개별소비세 과세대상 중 자동차, 등유, 가정용·상업용 프로판, 부탄, 천연가스, 부생연료유, 발전용 유연탄 등에 대해서는 탄력세율이 적용되고 있다.

〈표 5〉 개별소비세 세율

과세대상	품 목	세율(탄력세율)
물품 (가격, 수량)	• 투전기, 오락용 사행기구, 수렵용 총포류, 보석·귀금속제품·고급모피(500만원을 초과하는 부분의 가격), 고급시계·고급융단·고급가방(200만원을 초과하는 부분의 가격), 고급가구(개당 500만원/조당 800만원을 초과하는 부분의 가격)	20%
	• 승용자동차(1,000cc 이하 경차 제외), 캠핑용자동차, 이륜자동차, 전기승용자동차	5%(3.5%)
	• 등유	90원/ℓ(63원/ℓ)
	• 중유	17원/ℓ
	• 프로판(가정 및 상업용)	20원/kg(14원/kg)
	• 부탄	252원/kg(275원/kg)
	• 도시가스용 천연가스	60원/kg(42원/kg)
	• 발전용 천연가스(열병합 발전용)	12원/kg(8.4원/kg)
	• 부생연료유	90원/ℓ(63원/ℓ)
	• 발전용 유연탄	46원/kg(43원/kg, 49원/kg)
	• 궐련	594원/20개비
	• 파이프 담배 및 각련	21원/g
	• 엽궐련	61원/g
	• 전자담배(액상형)	370원/㎖

과세대상	품 목	세율(탄력세율)
물품 (가격, 수량)	• 전자담배(궐련형) • 전자담배(일반고체형) • 물담배 • 씹거나 머금는 담배 • 냄새 맡는 담배	529원/20개비 51원/g 422원/g 215원/g 15원/g
과세장소 (입장행위)	• 경마장(장외) • 투전기 시설장소 • 골프장 • 카지노(폐광지역카지노) • 경륜장 및 경정장(장외)	1,000원/회(2,000원/회) 10,000원/회 12,000원/회 50,000원/회(6,300원/회) 400원/회(800원/회)
과세유흥장소 (음식요금)	• 유흥주점, 외국인전용유흥주점 및 기타 이와 유사한 장소	10%
과세영업장소 (매출액)	• 카지노 영업행위(「관광진흥법」에 따른 허가를 받은 곳)	0%(~500억원) 2%(500억원~1,000억원) 4%(1,000억원~)

(3) 개별소비세 납부사례

만약 자동차를 구입한다면, 과연 어느 정도의 세금을 납부해야 할까? 예시를 통해 살펴보자. 세전가격이 4,000만원의 자동차를 구입한다면, 납부해야 할 세금은 다음과 같다. 자동차는 소비세와 별도로 등록 시 취득세를 내야 한다. 그리고 자동차를 보유하는 동안에는 매년 자동차세(배기량과 차령으로 결정)와 자동차교육세(자동차세의 30%)를 내야 한다.

〈표 6〉 자동차의 구입과 세금

세목	금액	비 고
개별소비세	2,000,000원	• 물품가격의 5%
교육세	600,000원	• 개별소비세의 30%
부가가치세	4,260,000원	• (4,000만원+260만원)×10%
합계	6,860,000원	
취득세	2,982,000원	• 취득가액의 7% • 부가가치세를 제외한 4,260만원의 7%
합계	9,842,000원	

제 03 절 교통 · 에너지 · 환경세

1. 개념 및 의의

교통 · 에너지 · 환경세는 휘발유와 경유에 대해 그 제조자 및 수입업자 등이 제조장 또는 보세구역 반출량에 따라 납부하는 소비세이다. 휘발유와 경유는 본래 개별소비세의 부과대상이나 「개별소비세법」 부칙 제12조, 「교통 · 에너지 · 환경세법」 부칙 제9조에 따라 개별소비세가 아닌 교통 · 에너지 · 환경세가 부과된다.

교통 · 에너지 · 환경세는 휘발유와 경유의 특정 재화만을 과세대상으로 한다는 점에서 모든 재화 및 용역을 과세대상으로 하는 일반소비세 성격의 부가가치세와 구별된다. 또한, 주로 수송용 연료로 사용되는 휘발유와 경유에 부과된다는 점에서, 기타 연료에 부과되는 개별소비세와 구별된다.

교통 · 에너지 · 환경세는 육상 교통시설 확충 및 대중교통 육성, 에너지 · 자원, 환경 보전 · 개선 등의 사업에 소요되는 재원의 확보를 위해 부과되는 목적세이다. 세금의 수입은 교통시설, 국가균형발전특별회계, 환경개선특별회계 및 기후대응기금에 배분되고 있다.

교통 · 에너지 · 환경세 기본세율은 현재 휘발유는 리터당 475원, 경유는 리터당 340원 수준이다. 그러나 국민경제의 효율적인 운용을 목적으로 교통, 에너지 · 자원 및 환경 보전, 유가 변동에 따른 지원사업의 재원 조달과 해당 연료의 수급 상 필요한 경우 탄력세율로 조정할 수 있다. 2024년 말 현재 기본세율 기준 ±50% 범위까지 가능하게 되었고, 탄력세율의 적용으로 휘발유의 경우 리터당 396.7원, 경유의 경우 리터당 238원이 적용되고 있다.

또한 휘발유와 경유에는 교통 · 에너지 · 환경세와 함께, 부가세로서 교육세(교통 · 에너지 · 환경세액의 15%), 지방세인 자동차세 주행분(교통 · 에너지 · 환경세액의 26%), 부가가치세(공급가액의 10%) 등도 같이 부과된다.

2. 휘발유와 세금

휘발유와 경유의 주유소 소비자가격에는 7종류의 제세부담금이 부과된다. 유류 수입시 관세가 유류 수입가의 3%(기본세율 기준) 부과되며 수입부과금으로 리터당 16원이 부과된다. 교통 · 에너지 · 환경세의 부가세로 자동차세(주행분)와 교육세가 교통 · 에너지 · 환경세액의 각각 26% 및 15%가 과세된다. 품질검사수수료로 휘발유와 경유 모두 리터당 0.47원이 부과되며 부가가치세액은 공급가액의 10%이다. 이에 따라 소비자가격 중 제세부담금의 비중은 휘발유의 경우, 47.5%(1,562.9원 중 741.8원)이고, 경유의 경우 31.9%(1,675.4원 중 534.8원)이다.

최종 소비자가격 대비 제세부담금의 비중은 휘발유가 경유보다 높지만, 2021년 이후 국제유가 상승에 따른 탄력세율 인하 정책으로 최근 낮아지고 있는 추세이다.

〈표 7〉 휘발유 및 경유의 소비자가격의 구성

(단위 : 원)

구 분	휘발유	경유
세전가격 (A)	795.5	1,014.7
관세액 (B＝A×3%)	23.9	30.4
유통비용 및 마진 (C＝K－A－J)	25.7	125.8
수입부과금 (D)	16.0	16.0
교통·에너지·환경세액 (E) (휘발유 396.7원/ℓ, 경유 238원/ℓ)	396.7	238.0
자동차세액(주행분) (F＝E×26%)	103.1	61.9
교육세액 (G＝E×15%)	59.5	35.7
품질검사수수료 (H)	0.5	0.5
공급가액	1420.9	1,523
부가가치세액 (I＝공급가액×10%)	142.1	152.3
제세부담금 (J＝B＋D＋E＋F＋G＋H＋I)	741.8	534.8
소비자가격 (K)	1,562.9	1,675.4

chapter 08

부동산과 세금

contents

부동산은 법적으로는 동산이 아닌 모든 물건을 의미하지만(민법 제99조 제2항), 일반적으로는 토지와 건축물을 의미한다. 부동산은 고가의 자산이기 때문에 부동산의 취득에서부터 보유, 양도에 이르기까지 상대적으로 높은 세금이 수반된다. 여기에서는 부동산의 취득에서부터 보유, 양도에 이르기까지의 기본적인 세금의 종류와 계산구조에 대해서 개괄한다. 또한 최근의 사회적 이슈가 되고 있는 종합부동산세에 대해서도 언급한다.

〈표 1〉 부동산 관련 세금의 개요

구분	국세	지방세	관련 부가세
취득	인지세 상속세(상속받은 경우) 증여세(증여받은 경우)	**취득세**	농어촌특별세(국세) 지방교육세
보유	종합부동산세 (일정금액 초과시)※	**재산세**	농어촌특별세(국세) 지방교육세 지역자원시설세
양도	**양도소득세**		지방소득세

※ 매년 6월 1일 현재 주택의 공시가격이 9억원을 초과하는 경우(1세대 1주택자는 12억원) 매년 12월에 과세됨.

제 01 절 부동산의 취득과 세금

부동산의 취득이란 매매, 신축, 상속, 증여 등의 방법으로 대가를 지급하거나 혹은 대가를 지급하지 않고 부동산의 소유권을 획득하는 것이다. 부동산을 취득한 때에는 취득세를 내야 하고, 인지세, 농어촌특별세 및 지방교육세도 내야 한다. 만약 부동산을 상속받거나 증여받은 경우에는 상속세 혹은 증여세를 추가로 부담해야 한다. 여기에서는 취득세에 대해서 주로 설명한다.

1. 취득세 세액구조

취득세의 계산구조는 다음과 같다. 부동산을 취득한 납세의무자는 취득가액을 기준으로 한 과세표준에 표준세율을 곱하여 납부세액을 계산한다. 만약 취득세 중과세율 또는 특례세율 적용 대상의 부동산을 취득하는 경우에는 표준세율이 아닌 중과세율이나 특례세율을 적용한다.

(1) 과세요건

부동산 취득세의 과세대상은 부동산의 취득행위이고, 납세의무자는 부동산을 취득한 사람이다. 취득한 부동산을 관계 법령에 따른 등기나 등록 등을 하지 않더라도 해당 취득 물건의 소유자나 양수인임이 인정되면 취득세의 납세의무자로 본다.

취득세 취득행위에는 매매나 교환을 통하여 유상으로 취득하는 것 이외에도 상속이나 증여 등을 통하여 무상으로 취득하는 것, 건물의 신축 등과 같이 권리가 새롭게 발생한 것도 포함한다.

(2) 과세표준

부동산 취득세의 과세표준은 「취득당시가액」을 원칙으로 한다. 유상매매로 인한 취득의 경우 실제 거래가액을 과세표준으로 한다. 무상취득의 경우에는 취득 시점 현재 불특정 다수인 사이에 자유롭게 거래가 이루어지는 경우 통상적으로 성립된다고 인정되는 매매사례가액, 감정가액, 공매가액 등(이하 '시가인정액')을 취득당시가액으로 한다. 만약 부동산 취득당시가액의 신고가액이 시가표준액 보다 적을 때에는 시가표준액을 과세표준액으로 한다.

알고가기 **시가표준액**

「지방세법」 제4조 제1항에 따르면, 토지 및 주택에 대한 '시가표준액'은 「부동산 가격공시에 관한 법률」에 따라 공시된 가액, 즉, 공시가격을 의미한다. 단, 개별토지나 개별단독주택의 공시가격이 정해지지 않은 경우는 국토교통부 장관이 제공하는 토지(주택)가격비준표를 사용하여 산정한 가액으로 하고, 공동주택의 공시가격이 공시되지 않은 경우에는 「지방세법 시행령」 제3조에 따라 지방자치단체장이 산정한 가액을 기준으로 한다.

그림 1 국토교통부 실거래가 공개시스템(http://rt.molit.go.kr)

(3) 세율

취득세의 세율은 일반적으로 표준세율이 적용된다. 다만, 과밀억제권역 내의 취득이나 다주택자 및 법인의 주택 취득의 경우 중과세율이 적용된다.

1) 표준세율

취득세의 표준세율은 부동산 취득의 원인과 특성에 따라 다르게 적용된다. 표준세율은 취득대상이 주택인 경우 1~3%, 주택을 제외한 부동산의 경우 2.3~4% 수준이다. 단, 취득가액이 50만원 이하인 경우에는 취득세를 부과하지 않는다.

〈표 2〉 부동산의 취득세 표준세율

구 분		세율
주택	6억원 이하	1.0
	6－9억원	1.0－3.0
	9억원 초과	3.0
주택 외 유상매매(토지, 건축물)		4.0
원시, 상속(농지 외)		2.8
무상취득(증여)	영리사업자	3.5
	비영리사업자	2.8
농지	매매	3.0
	상속	2.3
공유물 분할		2.3

2) 중과세율

취득세의 중과세율은 과밀억제권역 내 취득 등에 대한 중과와 다주택자 및 법인의 주택 취득에 대한 중과로 구분된다.

과밀억제권역 내 취득 등에 대한 중과는 대도시 등 과밀억제권역 내 법인이나 사치성 재산의 취득에 대해서 적용되며, 현행 중과 기준세율은 2%이다.

다주택자 및 법인의 주택 취득에 대한 중과는 부동산 투기 억제를 위해 2020년 8월 12일부터 시행되었다. 중과의 대상은 주택을 유상거래를 원인으로 취득하는 경우로서 법인이 주택을 취득하는 경우, 1세대 2주택 이상으로서 조정대상지역 내의 주택을 취득하거나 1세대 3주택 이상으로서 조정대상지역 외의 주택을 취득하는 경우, 그리고 조정대상지역 내의 시가표준액 3억원 이상의 주택을 무상거래를 원인으로 취득하는 경우 8～12%의 중과세율이 적용된다.

〈표 3〉 부동산 취득세의 중과세율

<table>
<tr><th colspan="2" rowspan="2">주택 수</th><th colspan="2">적용세율</th></tr>
<tr><th>조정대상지역 외</th><th>조정대상지역 내</th></tr>
<tr><td rowspan="4">개인
(1세대)</td><td>1주택</td><td rowspan="2">표준세율(1－3%)</td><td>표준세율(1－3%)</td></tr>
<tr><td>2주택</td><td>8%</td></tr>
<tr><td>3주택</td><td>8%</td><td>12%</td></tr>
<tr><td>4주택 이상</td><td colspan="2">12%</td></tr>
<tr><td colspan="2">법인의 주택 취득 및 증여로 인한 취득</td><td colspan="2">12%</td></tr>
</table>

• 주택 수는 기존 소유 주택의 소재지와 관계없이 신규로 취득하는 주택을 기준으로 함.
• 조정대상지역 내 공시가격 3억원 이상의 주택을 증여로 취득하는 경우에 한하며, 1세대 1주택자가 소유한 주택을 배우자 또는 직계존비속이 무상취득하는 경우 등은 중과에서 제외함.

⑷ 신고와 납부

납세의무자는 부동산의 취득일로부터 60일 이내에 취득세를 신고·납부해야 한다.

취득일의 기준은 부동산의 취득방법에 따라 다르다. 유상으로 취득하는 경우에는 잔금지급일을 기준으로 한다. 증여나 상속으로 인한 무상취득은 계약일 또는 상속 또는 유증의 개시일을 기준으로 한다. 건축물의 신축 및 증축의 경우 사용승인일과 실제 사용일 중 빠른 날을 취득일의 기준으로 한다.

취득일로부터 60일이 경과할 경우 가산세가 적용된다. 가산세의 종류에는 무신고가산세, 과소·초과환급신고가산세, 납부불성실·환급불성실가산세가 있다. 무신고가산세는 무신고납부세액의 20%, 과소·초과환급신고가산세는 과소신고 납부세액이나 초과 환급세액의 10%, 납부불성실·환급불성실가산세는 과소납부분이나 초과환급분의 최대 75% 한도에서 매일 0.022%씩 증가한 가산세율이 적용된다.

취득세의 납세지는 부동산의 소재지를 기준으로 한다. 만약 해당 부동산이 둘 이상의 지방자치단체에 걸쳐 있는 경우에는 소재지별로 안분하여 납부한다.

그림 2 위택스의 지방세 미리 계산(https://www.wetax.go.kr)

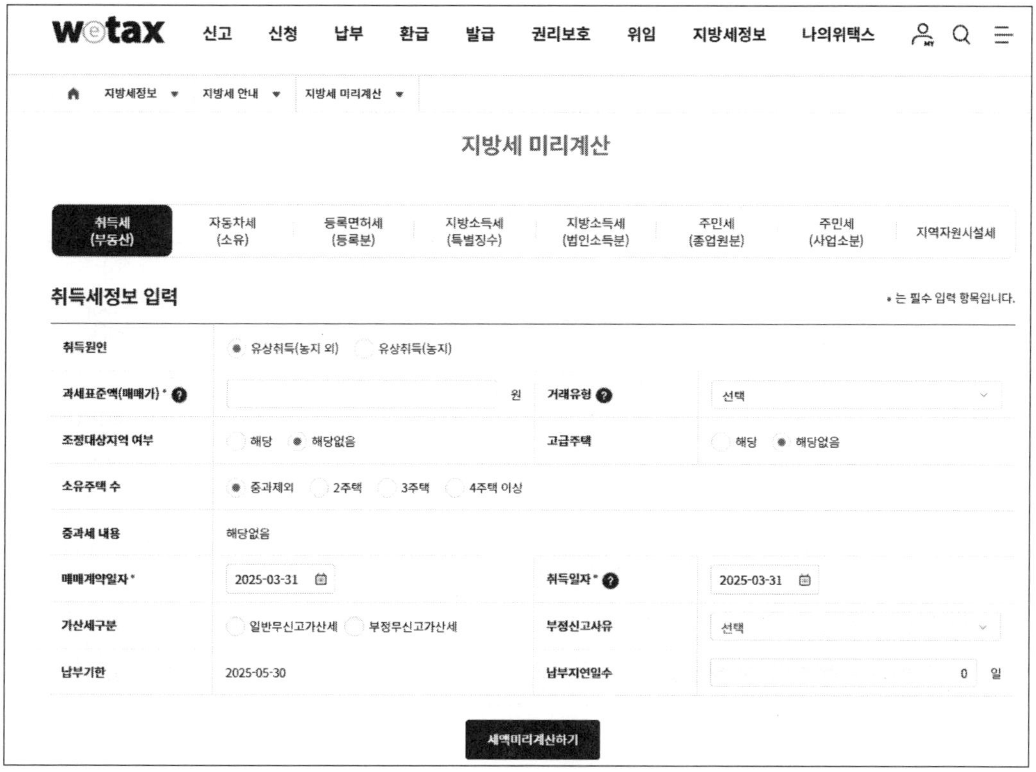

2. 자금출처조사

직업 · 연령 · 소득 및 재산 상태 등으로 보아 해당 부동산을 자신의 능력으로 취득하였다고 인정하기 어려운 경우에는 부동산 취득자금의 출처를 조사받을 수 있다. 조사 결과, 자금의 출처를 제시하지 못한 금액에 대해서는 증여세를 부담해야 한다. 다만, 재산취득일 전 또는 채무상환일 전 10년 이내에 당해 재산취득가액 및 상환가액이 다음의 기준금액 미만인 경우에는 자금출처조사를 하지 않는다.

〈표 4〉 자금출처조사 기준금액

<table>
<tr><th rowspan="2">구분</th><th colspan="4">취득자산</th></tr>
<tr><th>주택</th><th>주택 이외</th><th>채무상환</th><th>총액</th></tr>
<tr><td colspan="5">1. 세대주인경우</td></tr>
<tr><td>30세 이상</td><td>1.5억원 미만</td><td>5천만원 미만</td><td rowspan="2">5천만원 미만</td><td>2억원 미만</td></tr>
<tr><td>40세 이상</td><td>3억원 미만</td><td>1억원 미만</td><td>4억원 미만</td></tr>
<tr><td colspan="5">2. 세대주가 아닌 경우</td></tr>
<tr><td>30세 이상</td><td>7천만원 미만</td><td>5천만원 미만</td><td rowspan="2">5천만원 미만</td><td>1.2억원 미만</td></tr>
<tr><td>40세 이상</td><td>1.5억원 미만</td><td>1억원 미만</td><td>2.5억원 미만</td></tr>
<tr><td>3. 30세 미만</td><td>5천만원 미만</td><td>5천만원 미만</td><td>5천만원 미만</td><td>1억원 미만</td></tr>
</table>

제 02 절 부동산의 보유와 세금

부동산을 보유하고 있는 동안에는 재산세를 내야 한다. 그리고 일정 금액 이상의 고가의 부동산 보유자는 추가로 종합부동산세를 내야 한다. 여기에서는 주된 세금인 재산세에 대하여 알아보고, 제4절에서 종합부동산세에 대하여 살펴본다.

1. 재산세

재산세는 토지, 건축물, 주택 등 부동산이나 선박, 항공기 등의 소유에 대해 그 소유자에게 부과하는 지방세이다. 재산세는 일반재원으로 충당되는 보통세이며, 시 · 군 · 구 및 특별자치시 · 도가 단일 주체로서 재산세를 부과한다. 현재는 재산세와 재산세 도시지역분으로 운영되고 있다. 재산세는 부동산 유형에 따라 결정된 시가표준액을 바탕으로 과세표준 구간별 세율을 적용하여 산출한다. 과세표준 산정 시 적용하는 시가표준액은 매년 특정 기준에 따라 결정된다. 먼저, 토지 및 주택의 경우 매년 국토교통부 또는 지방자치단체에서 조사 · 평가(산정)하는 공시가격을 활용하는데, 공시가격은 감정평가법인 등 평가기관이 부동산의 거래가격 · 임대가치 등을 바탕으로 용도지역, 주요 시설과의 거리 등을 고려하여 조사 · 평가(산정)한다.

(1) 납세의무자

재산세 납세의무자는 매년 6월 1일의 과세기준일 현재 재산을 소유한 자이다.

다만, 공유재산 등 동일한 재산에 대해 소유자가 구분되는 경우 다음과 같이 납세의무자를 구분한다. 공유재산의 경우에는 지분에 해당하는 부분의 지분권자가, 주택의 건물과 부속토지의 소유자가 다를 경우에는 주택에 대한 산출세액을 건축물과 부속토지의 시가표준액 비율로 안분한 뒤 각 부분의 소유자가 납세의무를 부담한다.

만일, 매매 등의 사유로 재산에 대한 소유권이 변동되었음에도 신고하지 않아 사실상의 소유자를 알 수 없는 경우에는 공부상 소유자를, 상속이 개시된 재산이나 상속등기가 이행되지 않고 사실상의 소유자를 신고하지 않은 경우에는 상속지분이 가장 높은 주된 상속자를 재산세의 납세의무자로 본다. 또한 수탁자 명의로 등기·등록된 신탁재산의 경우에는 위탁자를 재산세의 납세의무자로 본다. 이 외에 재산세 과세기준일을 기준으로 사실상의 소유자를 확인할 수 없는 경우에는 사용자가 납세의무를 부담한다.

⑵ 과세요건 및 세액계산

재산세 계산구조는 과세표준을 산정하는 것에서 시작한다. 먼저, 과세표준은 부동산 유형에 따라 시가표준액에 공정시장가액비율(주택 : 60%, 토지 및 건축물 : 70%)을 곱하여 산정한다. 산정된 과세표준을 바탕으로 부동산 유형별, 과세표준 구간별 세율을 적용하여 산출세액을 구한다. 이후 도시지역 안에 있는 토지나 주택의 경우 재산세 도시지역분(과세표준의 0.14%)을 합산하고, 세액감면액과 세부담 상한 초과액을 차감하여 최종 재산세액을 결정한다.

세액의 주요 감면항목은 학교 및 외국교육기관의 부동산, 종교단체 및 향교 등의 부동산, 임대사업자의 임대목적 부동산 등이다.

⑶ 과세표준과 세율

부동산 재산세의 과세표준은 시가표준액에 공정시장가액비율을 곱한 금액으로 한다. 시가표준액은 조세부과를 목적으로 부동산의 가치를 평가한 가액으로 지방세 및 국세의 과세기준으로 사용된다.

주택에 대한 공정시장가액비율은 시가표준액의 40~80%(1세대 1주택자의 경우 30~70%), 토지 및 건축물의 공정시장가액비율은 시가표준액의 50~90% 범위에서 대통령령으로 정한다. 2023년 4월 현재 주택에는 시가표준액의 60%, 토지 및 건축물에는 70%의 공정시장가액비율이 적용되고 있다. 선박 및 항공기의 경우 시가표준액을 과세표준으로 한다.

재산세 세율은 과세대상 및 과세표준에 따라 다르게 적용된다. 주택분 재산세는 과세표준 구간별로 0.1~0.4%의 초과누진세율이 적용된다. 다만, 공시가격 9억원 이하(과세표준 5.4억원) 1세대 1주택에 대해서는 6년(2021년~2026년) 간 과표구간별로 기본세율보다 0.05%p 낮은 특례세율이 적용된다. 토지분 재산세의 세율은 종합합산토지의 경우 과세표준 구간별로 0.2~0.5%의 초과누진세율이 적용되며, 별도합산토지의 경우 과세표준 구간별로 0.2~0.4%의 초과누진세율이 적용된다. 분리과세토지의 경우, 농지 및 임야는 0.07%, 공장용지 등 공급목적 토지는 0.2%, 골프장 및 고급오락장은 4%의 단일세율이 적용된다.

(4) 도시지역분

재산세는 도로의 개설·유지, 상하수도, 공원 등 각종 도시계획 사업에 필요한 비용을 충당하기 위해 도시지역 안에 있는 토지나 주택에 대해서 재산세 과세표준의 0.14%를 도시지역분을 부과한다. 단, 개발제한구역 내의 주택의 경우 고급주택만 도시지역분 과세대상에 포함된다. 또한, 토지 중 전·답·과수원·목장용지·임야는 도시지역분 과세대상에서 제외되며, 도시지역 외에 도시개발구역의 환지(換地) 처분이 공고된 토지에 대해서는 도시지역분이 부과된다.

(5) 부과와 징수

재산세는 과세대상 유형에 따라 납부기한이 다르게 설정된다. 건축물 및 선박, 항공기의 경우 매년 7월 16일부터 31일까지, 토지는 매년 9월 16일부터 30일까지의 기간에 납부한다. 주택의 경우에는 당해 연도에 부과된 재산세의 50%는 7월 16일에서 31일까지의 기간에, 나머지 50%는 9월 16일부터 30일까지의 기간에 납부한다. 납세지는 토지 및 건축물 등 부동산의 경우 소재지를 기준으로 한다.

재산세 납부세액이 250만원을 초과하는 경우 분할납부가 가능하다. 분납은 납부기한까지 해당 기초자치단체(시 · 군 · 구)장에게 신청하며, 분납기한은 납부기한 이후 2개월 이내이다.

주택분 재산세의 경우 1세대 1주택자 중 만 60세 이상이거나 해당 주택을 5년 이상 보유하고 있으면서, 일정 기준을 충족할 때 주택분 재산세액의 납부유예를 신청할 수 있다. 납부유예 신청을 위해서는 직전 과세기간의 총급여액이 7천만원(종합소득금액은 6천만원) 이하이어야 하고, 해당 연도의 주택분 재산세액이 100만원을 초과하여야 한다. 만일 해당 주택을 타인에게 양도 · 증여하거나, 사망하여 상속이 개시되는 경우 등 사유가 발생할 시에는 납부를 유예받은 세액과 이자상당가산액을 납부하여야 한다.

제 03 절 부동산 양도와 세금

1. 양도소득세

양도란 자산이 사실상 유상으로 이전되는 것을 말한다. 부동산을 양도하는 경우에는 양도소득세를 내야 한다. 양도소득세는 비과세소득을 제외한 양도가액에서 취득가액과 필요경비, 장기보유특별공제를 차감하여 양도소득금액을 산출한다. 산출된 양도소득금액에서 감면대상소득과 양도소득기본공제를 차감하여 양도소득과세표준을 구한 뒤, 과세표준에 세율을 적용하면 양도소득 산출세액이 나온다. 마지막으로 해당 산출세액에서 세액공제 및 세액감면액을 차감하면 최종 납부할 양도소득 결정세액이 계산된다. 다음에서는 각 단계별 내용에 대해서 살펴본다.

(1) 과세대상

양도소득은 개인이 자산을 양도함으로 얻게 된 소득을 말한다. 이 때 「양도」란 자산에 대한 등기·등록에 관계 없이 매도·교환 또는 법인에 대한 현물출자 등으로 인하여 그 자산이 유상으로 사실상 이전되는 것을 말한다. 양도소득은 '자본이득(capital gains)'에 속하며, 우리나라는 '실현된 자본이득'에 대해서만 소득세를 과세한다.

양도소득세 과세대상에는 부동산과 관련된 자산, 주식 및 출자지분, 파생상품이 포함된다. 부동산 관련 자산에는 토지와 건물(무허가 및 미등기 건물 포함), 부동산에 관한 권리(지상권, 전세권, 등기된 부동산임차권, 부동산을 취득할 수 있는 권리), 기타자산(영업권, 이축권, 특정시설물이용권·회원권, 과점주주 주식, 부동산 과다보유 법인의 주식)이 있다.

(2) 과세표준

양도소득세 과세표준은 양도자산별로 양도가액에서 취득가액과 필요경비를 제하여 양도차익을 계산한 후 장기보유특별공제와 양도소득기본공제를 차감하여 계산한다.

1) 양도차익

양도차익은 양도가액에서 취득가액과 필요경비를 차감하여 계산한다. 양도가액과 취득가액은 실제 거래가액으로 한다. 취득가액의 실제 거래가액을 알 수 없는 경우에는 매매사례가액, 감정가액, 환산취득가액, 기준시가 등의 순서로 적용한다.

취득가액을 실제 거래가액으로 하는 경우 자본적 지출액과 양도비로서 실제 지출된 비용을 필요경비로 인정한다. 양도비로 인정되는 필요경비에는 취득세, 등록세, 법무사수수료, 취득 및 양도 시의 중개수수료, 세무사수수료, 소유권 확보 후 분쟁이 있는 경우 소송비용 등을 포함한다.

취득가액을 실지거래가액으로 하지 않고 매매사례가액이나 감정가액, 환산취득가액으로 할 경우에는 기준시가의 3%를 필요경비로 본다.

〈표 5〉 자본적 지출의 예

필요경비 인정	필요경비 불인정
• 주택의 베란다 샷시(창호)의 교체	• 도배, 장판 교체비용
• 가스보일러 및 상하수도 배관교체공사	• 타일, 욕조, 변기공사
• 전기 및 수도공사	• 문 도색비용
• 냉 · 난방장치 설치	• 페인트 및 방수공사 비용
• 방 · 거실 확장비용	• 가구비용(붙박이장 설치), 도장공사
• 기타 자본적 지출액 및 양도시 소요되는 비용으로 대통령령이 정하는 것	

2) 장기보유특별공제

장기보유특별공제는 양도소득의 결집효과를 방지하고 물가 상승에 따른 세부담 증가를 조정하기 위해 도입한 제도로서, 보유기간이 3년 이상인 부동산에 적용하며, 1세대 1주택 여부 및 거주기간, 보유기간에 따라 차등 적용된다. 미등기양도자산이나 조정대상지역 내의 일부 주택에 대해서는 장기보유특별공제가 적용되지 않는다.

〈표 6〉 장기보유특별공제 공제율

토지 · 건물 · 다주택		1세대 1주택			
보유기간	공제율	보유기간	공제율	거주기간	공제율
3년 이상	6%	3년 이상	12%	2년 이상	8%
				3년 이상	12%
4년 이상	8%	4년 이상	16%	4년 이상	16%
5년 이상	10%	5년 이상	20%	5년 이상	20%
6년 이상	12%	6년 이상	24%	6년 이상	24%
7년 이상	14%	7년 이상	28%	7년 이상	28%
8년 이상	16%	8년 이상	32%	8년 이상	32%
9년 이상	18%	9년 이상	36%	9년 이상	36%
10년 이상	20%	10년 이상	40%	10년 이상	40%
11년 이상	22%				
12년 이상	24%				
13년 이상	26%				
14년 이상	28%				
15년 이상	30%				

(3) 세율

양도소득 산출세액은 양도소득 과세표준에 세율을 적용하여 계산한다. 양도소득세의 세율은 기본적으로는 보유기간 2년 이상인 주택에 대해서는 종합소득세의 과세표준 구간별 기본세율과 동일하다. 다만, 자산의 종류, 보유기간, 조정대상지역 여부 등에 따라서 중과세율이 적용될 수도 있다. 특히 미등기양도자산의 경우 70%의 세율을 적용하므로 주의해야 한다.

〈표 7〉 종합소득 과세표준 구간 및 세율

과세표준 구간	세율	적 용
1,400만원 이하	6%	–
1,400만원 초과 5,000만원 이하	15%	84만원+ (1,400만원 초과금액의 15%)
5,000만원 초과 8,800만원 이하	24%	624만원+ (5,000만원 초과금액의 24%)
8,800만원 초과 1.5억원 이하	35%	1,536만원+ (8,800만원 초과금액의 35%)
1.5억원 초과 3억원 이하	38%	3,706만원+(1억 5천만원 초과금액의 38%)
3억원 초과 5억원 이하	40%	9,406만원+ (3억원 초과금액의 40%)
5억원 초과 10억원 이하	42%	17,406만원+ (5억원 초과금액의 42%)
10억원 초과	45%	38,406만원+ (10억원 초과금액의 45%)

Example 01 양도소득세의 계산

6년 전에 3억원에 구입한 아파트를 5억원에 매매하였다. 매매한 해당 년도에 다른 부동산 거래는 없었다. 취득 당시 취득세(지방교육세, 농어촌특별세 포함) 390만원, 중개보수 120만원, 가치 증가를 위한 리모델링 비용 500만원이 들었다. 양도 아파트 외에 다른 주택을 보유하고 있다. 부담해야 할 양도소득세는 얼마인가?

풀이 및 해답

항목	금액	비고
양도가액	500,000,000	• 실제 거래가액
(−) 취득가액	(300,000,000)	• 실제 거래가액(매매사례가액, 감정가액, 환산취득가액, 기준시가 순서 적용)
(−) 필요경비	(10,100,000)	• 취득 · 양도시 비용, 자본적 지출
양도차익	189,900,000	
(−) 장기보유특별공제	(22,788,000)	• 부동산 3년 이상 보유시 공제, 미등기부동산 제외
양도소득금액	167,112,000	
(−) 기본공제	(2,500,000)	• 연 250만원, 부동산과 주식 각각 적용, 미등기자산 제외
과세표준	164,612,000	
(×) 세율	38%	• 연간 양도소득 합산하여 적용
산출세액	42,612,560	

⑷ 양도소득세의 신고와 납부

양도소득세의 과세대상이 되는 자산을 양도한 자는 당해 자산을 양도할 때마다 양도소득 과세표준 예정신고를 하고 양도소득세를 납부해야 한다.

예정신고납부의 경우, 토지 또는 건물, 부동산에 관한 권리, 기타자산을 양도한 경우 양도일이 속하는 달의 말일부터 2개월 이내로 하되, 부담부증여의 채무액에 해당하는 부분의 경우 양도일이 속하는 달의 말일부터 3개월 이내에, 주식 또는 출자지분에 대해서는 양도일이 속하는 반기의 말일부터 2개월 이내에 양도소득세 과세표준을 신고하고 산출세액에서 감면세액을 차감한 세액을 납부해야 한다. 양도소득세의 납세의무가 있는 자는 확정신고납부의 의무가 있기 때문에 자신의 양도소득 과세표준과 세액을 해당 과세기간의 다음 해 5월 1일부터 5월 31일까지 과세관청에 신고하고 산출세액에서 감면세액을 차감한 세액을 납부해야 한다. 예정신고를 이행한 경우에는 확정신고를 하지 않을 수 있으나 누진세율이 적용되는 자산의 예정신고를 2회 이상 이행한 경우 등에는 확정신고를 하여야 한다.

납세지 관할 세무서장은 예정신고 또는 확정신고를 해야 할 자가 그 신고를 하지 않거나 신고내용에 탈루 또는 오류가 있는 경우에는 양도소득 과세표준과 세액을 결정·경정한다. 한편 양도소득세의 예정신고 또는 확정신고에 따른 납부세액이 각각 1천만원을 초과할 때, 1천만원 초과 2천만원 이하인 경우에는 1천만원을 초과하는 금액에 대해, 납부세액이 2천만원 초과인 경우에는 해당 세액의 50% 이하 금액에 대하여 분납할 수 있다.

2. 양도소득세의 감면과 비과세

부동산을 양도하면 일반적으로 양도소득세가 과세되지만, 조세정책적 목적으로 양도소득세가 감면되거나 비과세되는 경우가 있다.

(1) 양도소득세 주요 세액감면제도

양도소득세의 감면은 농지소재지에 거주하면서 8년 이상 자기가 경작한 사실이 있는 농지를 양도하는 경우인 자경농지에 대한 감면, 경작상 필요에 의하여 농지를 팔고 다른 농지를 산 경우인 농지 대토(代土)에 대한 감면이 있다. 또한 공익사업에 필요한 토지 등을 해당 공익사업의 시행자에게 양도함으로써 발생하는 소득인 공익사업용 토지 등에 대한 감면이 대표적인 감면 규정이다.

〈표 8〉 양도소득세의 감면

구분	감면대상 소득금액	감면비율
자경농지에 대한 감면	• 농지소재지에서 거주하는 자가 8년 이상 직접 경작한 농지의 양도로 인하여 발생하는 소득	100%
농지대토에 대한 감면	• 농지소재지에서 4년 이상 거주한 자가 직접 경작한 토지를 경작상 필요에 따라 일정한 농지로 대토함으로써 발생하는 소득	100%
공익사업용 토지 등에 대한 감면	• 공익사업에 필요한 토지 등을 해당 공익사업의 시행자에게 양도함으로써 발생하는 소득 • 도시 및 주거환경정비법에 따른 정비구역 안의 토지 등을 사업시행자에게 양도함으로써 발생하는 소득	15% (현금보상) 혹은 20% 등 (채권보상)

(2) 양도소득세의 비과세

1세대 1주택의 양도로 발생하는 양도소득세는 비과세한다. 「1세대 1주택」은 1세대가 양도일 현재 국내에 1주택을 보유하고 있는 경우로서 비과세되기 위해서는 해당 주택의 보유기간이 2년 이상이어야 한다. 취득 당시 조정대상지역에 있는 주택의 경우에는 해당 주택의 보유기간이 2년 이상이고, 그 보유기간 중 거주기간이 2년 이상이어야 한다.

상속, 동거봉양, 혼인 등의 사유로 일시적으로 1세대 2주택이 된 경우는 일정 요건을 충족하면 1세대 1주택 비과세 특례가 적용된다.

1) 1세대 1주택 비과세 요건

① 양도일 현재 1세대 1주택

② 1세대 : 배우자 원칙, 혹은 30세 이상이거나 최저생계비 이상의 소득

③ 1주택 : 국내에 위치한 사실상 주거용 건물

④ 보유기간 : 2년 이상

2) 일시적 1세대 2주택 비과세 요건

① 이사로 인한 1세대 2주택 : 새집을 옛집 취득 1년 이후에 구입한 후, 옛집을 3년 내에 처분해야 함.

② 상속으로 인한 1세대 2주택 : 상속 이전부터 주거 중인 주택을 먼저 처분할 경우 비과세함. 상속주택을 먼저 처분하되면 과세함.

③ 직계존속과 합가로 인한 1세대 2주택 : 직계존속 중 1인이 60세 이상인 경우에 합가한 후 10년 이내 양도하면 비과세함. 역모기지한 주택은 합가하더라도 1세대 1주택으로 간주함.

④ 혼인으로 인한 1세대 2주택 : 10년 이내 먼저 양도하는 주택은 비과세함.

한편, 양도일 현재 1세대 1주택이라 하더라도 실제 거래가액이 12억원을 초과하는 고가주택에 대해서는 비과세혜택이 주어지지 않는다. 다만 12억원 초과분에 대해서만 양도소득세가 과세된다. 이외에도 거짓계약서를 작성하거나 미등기전매의 경우에도 비과세혜택이 주어지지 않는다.

제 04 절 종합부동산세

종합부동산세는 개인이 보유한 주택 및 토지의 공시가격의 합계액이 일정 기준금액을 초과하는 경우에 그 초과분에 대하여 과세하는 세금이다.

종합부동산세는 고액의 부동산 보유에 대한 세부담을 강화하고 부동산 과다 보유의 유인을 억제하여 우리 사회의 소득재분배와 부동산 시장 가격 안정을 도모할 목적으로 2005년에 도입되었다. 지방세인 재산세와는 달리, 종합부동산세는 과세권의 주체가 국가인 국세이다.

1. 납세의무자와 과세대상

종합부동산세 납세의무자는 매년 6월 1일 과세기준일 현재 주택분과 토지분의 재산세 납세의무자 중 보유 부동산의 공시가격의 합산금액이 과세기준액을 초과하는 개인 및 법인이다.

주택의 경우 개인은 보유주택의 공시가격 합산액이 과세기준액 9억원(단, 1세대 1주택자는 12억원)을 초과한 자가 납세의무자이며, 법인은 과세기준액이 적용되지 않기 때문에 주택을 보유한 모든 법인이 납세의무자이다. 토지의 경우 개인과 법인의 구분 없이 종합합산토지는 공시가격 합산액이 과세기준액 5억원을 초과하는 자, 별도합산토지는 공시가격 합산액이 과세기준액 80억원을 초과하는 자가 납세의무자이다.

종합부동산세의 과세대상은 납세의무자가 보유하고 있는 주택과 토지(종합합산토지, 별도합산토지)가 된다.

2. 과세표준

종합부동산세의 과세표준은 보유 부동산의 인별 공시가격 합산액 중 유형별 과세기준액 초과분에 공정시장가액비율을 곱하여 산정한다. 공정시장가액비율은 「종합부동산세법」상 60~100%로 규정하고 있으며, 「종합부동산세법 시행령」 제2조의4에 따라 2022년 기준 주택분은 60%, 토지분은 100%의 공정시장가액비율이 적용되었다.

3. 세율

종합부동산세 세율은 주택을 보유한 개인의 경우 2주택 이하 보유자의 경우 0.5~2.7%, 3주택 이상 보유자의 경우 0.5~5.0%의 초과누진세율이 적용된다.

한편, 종합합산토지와 별도합산토지 보유자에게는 과세표준에 따라 각각 1.0~3.0%, 0.5~0.7%의 초과누진세율이 적용된다. 주택을 보유한 법인에게는 보유주택 수에 따라 2.7% 또는 5.0%가 차등 적용된다.

4. 세액공제와 세액감면

(1) 기납부 재산세액 공제

재산세는 모든 보유 부동산에 과세하고, 종합부동산세는 공시가격 합산액이 과세기준액을 초과하는 보유주택 및 토지에 대해 과세한다. 따라서 종합부동산세 납세자에게는 동일한 부동산에 대해 지방세와 국세가 동시에 부과되는 문제가 발생할 수 있다. 이러한 이중과세 문제를 방지하기 위하여 종합부동산세 과세대상(납세의무자가 과세기준액을 초과하여 보유하는 부동산) 중 당해연도에 기납부한 재산세액은 종합부동산세 세액에서 공제하고 있다.

(2) 고령자 공제 및 장기보유 공제

세대원 중 1명만이 보유세 과세대상인 1주택만을 소유한 경우, 주택 보유자의 나이(고령자 공제) 또는 주택 보유기간(장기보유 공제)에 따라 종합부동산세 산출세액의 일부를 공제받을 수 있다. 두 가지 공제는 최대 80% 한도에서 중복 적용이 가능하다.

고령자 공제는 1세대 1주택 보유자가 만 60세 이상인 경우에 해당되며, 주택 장기보유 공제는 주택 보유기간이 과세기준일 현재 5년 이상인 경우에 해당된다.

(3) 세부담 상한제

급격한 세부담의 증가를 방지하기 위하여 전년도 세액의 일정비율 이상을 초과하면 그 초과분은 공제하도록 하는 세부담 상한제를 규정하고 있다. 종합부동산세의 세부담 상한비율은 주택과 토지 모두 150%로 규정되어 있다.

5. 신고와 납부

종합부동산세는 관할 세무서장이 매년 12월 1일에서 12월 15일까지의 기간에 부과 및 징수하며, 같은 시기에 납세의무자가 신고·납부하는 것도 가능하다. 종합부동산세 납부세액이 250만원을 초과하는 경우에는 분납도 가능하다.

메모

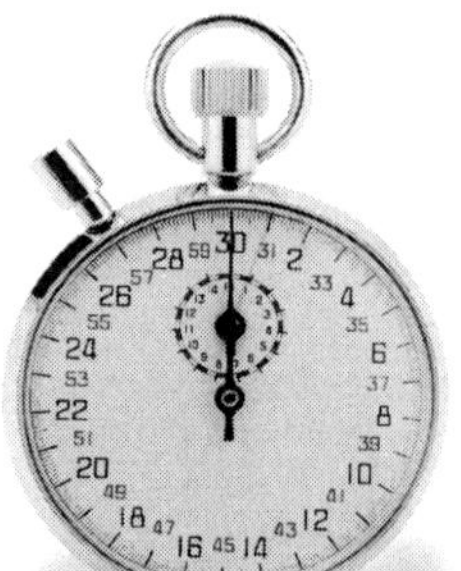

chapter

09 증여세

contents

제01절 증여세의 의의와 특징

1. 증여세의 의의

증여란 경제적 가치를 계산할 수 있는 유·무형의 재산을 타인에게 무상으로 이전하는 행위를 말한다. 증여세는 무상으로 이전된 재산에 부과하는 세금으로, 증여자로부터 수증자에게 무상으로 이전된 경제적 가치가 있는 재산을 담세력으로 하여 과세하는 재산과세의 일종이다.

상속세는 피상속인의 사망을 원인으로 상속인에게 이전되는 상속재산을 과세함으로써 우리 사회의 부의 세습과 집중을 완화하고 국민들 간의 경제적 불평등을 어느 정도 해소하고자 하는 정책적 의의를 가지고 있다. 증여세는 이러한 상속세의 보완세로 과세되는 세목이다. 만약 증여세 없이 상속세만 과세된다면 상속인은 사망 이전에 미리 재산을 증여함으로써 부의 세습을 가능하게 하여 상속세를 유명무실하게 할 수 있기 때문이다.

2. 증여세의 특징

우리나라의 증여세는 다음과 같은 특징을 가지고 있다.

첫째, 증여세는 수증인별로 증여받은 가액을 기준으로 과세하는 유산취득세 방식을 취하고 있다. 유산취득세 방식이란 수증자가 증여라는 특수한 형태로 자산을 취득하여 자산 증가에 기여하였다고 보고, 수증자의 취득 재산가액을 과세대상으로 과세하는 방식이다.

둘째, 10년 이내의 증여재산은 합산하여 과세한다. 해당 증여일 전 10년 이내에 동일인(증여자가 직계존속인 경우에는 그 직계존속의 배우자를 포함한다)으로부터 받은 증여 재산가액을 합친 금액이 1천만원 이상인 경우에는 그 가액을 증여세 과세가액에 가산한다. 이는 수 차례 나누어 증여함으로써 증여세의 누진세율 부담을 회피하는 것을 방지하기 위한 것이다.

셋째, 납세자에게 입증책임이 있다. 납세자가 취득 재산가액에 대한 자금출처의 소명이나 직계존·비속 간의 부동산 거래의 증여추정 등과 같은 증여 사실에 대하여 입증해야할 책임이 있다.

넷째, 증여자의 연대납세의무가 있다. 수증자가 증여세를 납부하지 않는다면, 증여자도 증여세 납세의 의무를 진다. 참고로 상속세의 경우 피상속인은 이미 사망하였으므로 연대납세의무가 없다.

다섯째, 완전포괄주의 입장을 취하고 있다. 세법은 원칙적으로 조세법률주의로 과세요건 등을 구체적으로 열거하고 있다. 그러나 증여세법에서는 구체적인 증여 방식을 규정하지 않고, 실질적으로 부가 무상 이전된 결과가 있다면 증여세를 부과하는 완전포괄주의의 원칙을 취하고 있다. 실질과세의 원칙에 따라 사실상 경제적 이익의 분여가 일어났다고 판단하면 증여세를 과세한다. 예를 들어, 배우자 또는 부모·자식 간에 부동산이 양도되는 경우와 재산취득 및 채무상환의 자금출처를 입증하지 못한 경우에는 증여로 추정한다. 차명계좌라 하더라도 실명 확인된 계좌에 보유하는 재산은 명의자가 취득한 것으로 보아 증여로 추정한다.

제 02 절 증여세의 과세요건 및 세액계산

1. 증여세의 계산구조

증여세는 수증자가 받은 모든 증여재산에서 채무부담액 등을 차감하여 과세가액을 산정한다. 이후 동일인으로부터 10년 이내에 증여받은 재산을 다시 합산한 후 증여공제액을 차감하여 과세표준을 산출한 후 10~50%의 5단계 초과누진세율을 적용하여 증여세 산출세액을 계산한다.

〈표 1〉 증여세의 계산구조

구분	항목	내용
증여세 과세가액의 계산	증 여 재 산	• 본래의 증여재산 • 시가평가 원칙
	(−) 비 과 세 재 산	• 공공의 이익, 사회통념 상 인정되는 피부양자의 생활비, 교육비, 정책적 장애인수령보험금 등
	(−) 과세가액 불산입	• 공익법인 등이 출연받은 재산, 공익신탁재산, 장애인이 증여받은 재산(5억원 한도) 등
	(−) 채 무 부 담 액	• 증여재산에 담보된 채무로 수증자가 인수한 금액
	증여 과세가액	
증여세 과세표준의 계산	(+) 10년 이내 증여 재 산 가 액	• 10년 이내 동일인으로부터 증여받은 가액이 1천만원 이상일 경우 합산
	(−) 증여재산공제 (−) 재해손실공제 (−) 감정평가수수료	• 인적공제
	증여세 과세표준	
산출세액의 계산	(×) 세 율	• 10%～50%
	증여세 산출세액	
결정세액의 계산	(+) 세 대 생 략 할 증 세 액	• 수증자가 자녀 아닌 직계비속일 경우(자녀가 사망한 경우 제외)
	(−) 각종 세액공제액	• 기납부(증여)세액공제, 외국납부세액공제, 신고세액공제(3%)
	증여세 결정세액	
고지세액	(+) 각 종 가 산 세	• 신고·납부불성실가산세 20% • 부당무신고가산세 40%
	(−) 자 진 납 부 세 액	• 연부연납, 물납, 자진납부(분납)세액
	증여세 고지세액	

2. 과세대상의 범위와 취득시기

증여세의 과세대상이 되는 증여재산이란 증여로 인하여 수증자에게 귀속되는 모든 재산 또는 이익을 말하며, 다음의 물건, 권리 및 이익을 포함한다.

① 금전으로 환산할 수 있는 경제적 가치가 있는 모든 물건이다.
② 재산적 가치가 있는 법률상 또는 사실상의 모든 권리이다.
③ 금전으로 환산할 수 있는 모든 경제적 이익이다.

증여재산은 시가평가를 원칙으로 하며, 만약 시가 산정이 어려운 경우에는 공시지가 등을 이용할 수 있다. 우리나라의 증여세법은 완전포괄주의의 증여 개념을 채택하고 있기 때문에 증여의 형식을 가진 재산의 무상 이전뿐만 아니라 사실상의 경제적 이익이 무상 이전된 경우에도 증여세의 과세대상이 된다.

증여재산의 취득시기는 원칙적으로 증여에 의하여 재산을 취득하는 때이다. 구체적으로는 증여재산을 인도한 날 또는 사실상의 사용일로, 만약 등기·등록을 필요로 하는 재산의 경우에는 소유권의 이전 등기접수일을 취득시기로 한다.

3. 과세표준과 결정세액

증여재산 가액에서 비과세, 과세가액 불산입액, 부담부증여와 같은 채무부담액을 차감하여 증여세 과세가액을 구한 다음, 10년 이내의 증여재산가액을 가산하고 증여재산공제와 감정평가수수료를 차감하여 증여세 과세표준을 산출한다.

(1) 비과세 증여재산

증여로 인하여 수증자에게 귀속되는 모든 재산은 증여세의 과세대상이 된다.

그러나 공공의 이익, 사회 통념상 인정되는 피부양자의 생활비, 교육비 등, 정책 목적 상 장애인이 수령하는 보험금 등은 과세대상에서 제외하고 있다.

〈표 2〉 비과세 증여재산

비과세 증여재산
• 국가나 지방자치단체로부터 증여받은 재산의 가액 • 내국법인의 우리사주조합에 가입한 자가 해당 법인의 주식을 우리사주조합을 통하여 취득한 경우로서 그 조합원이 소액주주의 기준에 해당하는 경우 그 주식의 취득가액과 시가의 차액으로 인하여 받은 이익에 상당하는 가액 • 정당법에 따른 정당이 증여받은 재산의 가액 • 사내근로복지기금법에 따른 사내근로복지기금이나 그밖에 이와 유사한 것으로서 법정 단체가 증여받은 재산의 가액 • 사회통념상 인정되는 이재구호금품, 치료비, 피부양자의 생활비, 교육비, 그밖에 이와 유사한 것 • 신용보증기금법에 따라 설립된 신용보증기금이나 그밖에 이와 유사한 것으로서 법정 단체가 증여받은 재산의 가액 • 국가, 지방자치단체 또는 공공단체가 증여받은 재산의 가액 • 장애인을 보험금 수령인으로 하는 보험으로서 법정 보험의 보험금 • 국가유공자의 유족이나 의사자(義死者)의 유족이 증여받은 성금 및 물품 등 재산의 가액

(2) 증여재산공제

증여재산공제는 증여자와의 관계가 직계존·비속, 배우자 또는 친족인 경우 다음의 금액을 증여세 과세가액에서 공제하고 있다. 주의할 점은 증여 1건당 공제금액이 아니라 합산되는 10년 간의 공제금액이며, 수증자를 기준으로 그룹별로 공제한다.

〈표 3〉 증여재산 친족공제

증여자	공제금액
배우자	6억원
직계존속	5천만원(단, 미성년자 2천만원)
직계비속	5천만원
기타 친족	1천만원
타인	0원

단, 직계존 · 비속의 판정은 다음과 같다.

첫째, 출가녀는 친가에서는 직계존속과의 관계이지만, 시가에서는 직계비속과의 관계만 해당한다.

둘째, 외조부모와 외손자는 직계존비속에 해당한다.

셋째, 직계존속은 수증자의 직계존속과 혼인 중인 배우자를 포함한다.

넷째, 직계비속에는 수증자와 혼인 중인 배우자의 직계비속을 포함한다.

다섯째, 기타 친족이란 배우자와 직계존·비속을 제외한 4촌 이내의 혈족 및 3촌 이내의 인척을 말한다.

Example 01

2023년 6월에 어머니(할머니)로부터 2억원을 증여받고, 2025년 4월에 아버지(할아버지)로부터 3억원을 증여받은 경우, 증여재산 과세가액과 증여재산 공제액은 얼마인가?

풀이 및 해답

직계존속 배우자는 동일인으로 간주된다. 따라서 증여세 과세가액은 5억원이고, 증여재산공제 금액도 5천만원이다.

Example 02

할아버지가 아들에게 2억원, 손자에게 5천만원, 며느리에게 5천만원을 증여하였다. 각각의 증여재산 공제액과 증여세 과세표준은 얼마인가?

풀이 및 해답

증여세 과세가액은 아들 2억원, 손자 5천만원, 며느리 5천만원이고, 증여재산공제 금액은 아들 5천만원, 손자 5천만원, 며느리 1천만원이다. 따라서 증여세 과세표준은 아들 1억 5천만원, 손자 0원, 며느리 4천만원이다.

신고기한 이내에 화재·폭발·자연재해 등으로 인하여 증여재산이 멸실·훼손된 경우에는 증여세 과세가액에서 당해 손실가액을 재해손실로 공제한다.

(3) 세율

증여세의 세율은 과세표준의 금액 구간을 1억원 이하에서 30억원 초과 단계까지 5단계로 구분하고 각 단계별로 10%~50%의 초과누진세율을 적용한다.

〈표 4〉 증여세의 세율

과세표준	세 율
1억원 이하	10%
1억원 초과~ 5억원 이하	1천만원+ 1억원을 초과하는 금액의 20%
5억원 초과~ 10억원 이하	9천만원+ 5억원을 초과하는 금액의 30%
10억원 초과~ 30억원 이하	2억 4천만원+10억원을 초과하는 금액의 40%
30억원 초과	10억 4천만원+30억원을 초과하는 금액의 50%

(4) 세대생략 증여에 대한 할증과세

할아버지에서 아버지를 거치지 않고 손자에게 직접 증여하는 경우에는 할증과세하여 세금을 가산한다. 이는 할아버지에서 아버지로, 다시 아버지에서 손자로 2번에 걸쳐 증여하는 경우에 부담하는 세액과의 형평성을 고려한 것이다. 그러나 만약 증여자인 할아버지의 최근친 직계비속인 아버지가 사망하여 그 사망자의 최근친 직계비속인 손자가 증여받은 경우에는 증여세 할증과세의 대상에서 제외한다.

할증세액은 증여세 산출세액의 30%이고, 만약 미성년자라면 20억원 초과시 40%를 적용한다.

(5) 증여세 산출세액의 사례

아버지는 2022년 1월 1일 아파트를 3억원에 취득하였다. 아버지는 이 아파트를 2025년 1월 1일에 아들에게 증여하였는데, 증여일 현재 아파트의 시가는 5억원에 상당한다. 이때 증여세는 얼마인가? 그리고 만약 아버지가 취득한 아파트가 증여 당시 보증금 2억원의 전세를 주고 있었다면, 증여세는 얼마인가?

일반 증여			부담부 증여		
증여세 재산가액		50,000만원	증여세 재산가액		50,000만원
증여재산공제	(−)	5,000만원	채무액	(−)	20,000만원
증여세 과세표준		45,000만원	증여세 과세가액		30,000만원
세율	(×)	20%	증여재산공제	(−)	5,000만원
산출세액		8,000만원	증여세 과세표준		25,000만원
신고세액공제(3%)	(−)	240만원	세율	(×)	20%
납부세액		7,760만원	산출세액		4,000만원
			신고세액공제(3%)	(−)	120만원
			납부세액		3,880만원

※ 다만 부담부증여의 경우, 아버지는 채무액 2억원을 양도한 것으로 간주되어 양도가액 2억원에 대한 양도소득세를 납부해야 한다.

제 03 절 증여세의 신고와 납부

1. 증여세의 납세의무자

증여세의 납세의무자는 증여에 의하여 재산을 증여받은 수증자이다. 만약 수증자에게 증여세를 징수할 수 없는 경우에는 조세채권의 담보를 위하여 재산을 증여한 증여자에게 연대납세의무의 책임을 지우고 있다. 다만, 증여자가 수증자의 증여세를 대신 납부하면, 그 세금에 대해서도 증여세를 내야 한다.

2. 증여세의 신고 · 납부기한

증여세의 납세의무자는 증여받은 날이 속하는 달의 말일부터 3개월 이내에 증여세의 과세가액 및 과세표준을 납세지 관할세무서장에게 신고하고 자신이 산출한 증여세 납부세액을 납부해야 한다.

기한 내에 신고할 경우 납부할 세금의 3%를 자진신고로 인한 세액공제를 받을 수 있다. 납부할 세액이 1천만원을 초과하는 경우에는 납부기한이 지난 후 2개월 이내에 분납가능하고, 납부할 세액이 2천만원을 초과하는 경우에는 납세담보를 제공하고 5년 이내의 기간에 매년 세액을 균등하게 나누어 낼 수 있으나 이는 증여세 신고기한 내에 관할 세무서장에게 신청하여 허가를 받아야 한다.

3. 증여재산의 반환

만약 수증자가 증여를 받은 후 증여재산을 다시 증여자에게 반환하는 경우, 증여세는 다음과 같이 부과된다. 금전의 경우에는 반환 시기와 관계없이 모두 과세된다. 금전 외의 경우에도 신고기한으로로터 3개월이 지나면 모두 과세된다. 취득세가 과세되는 증여재산에는 취득세가 당초 증여와 반환 시 모두 부과되므로 주의한다.

〈표 5〉 증여재산의 반환에 따른 증여세 과세

<table>
<tr><th rowspan="2">구분</th><th rowspan="2" colspan="2">반환 시기</th><th colspan="2">증여세 과세 여부</th></tr>
<tr><th>당초 증여</th><th>반환</th></tr>
<tr><td>금전</td><td colspan="2">반환 시기에 관계 없음</td><td>과세</td><td>과세</td></tr>
<tr><td rowspan="3">금전 외</td><td colspan="2">신고기한 내 반환</td><td>과세 제외</td><td>과세 제외</td></tr>
<tr><td rowspan="2">신고기한 경과 후 반환</td><td>신고기한으로부터 3개월 이내</td><td>과세</td><td>과세 제외</td></tr>
<tr><td>신고기한으로부터 3개월 후</td><td>과세</td><td>과세</td></tr>
</table>

메모

chapter 10

상속과 세금

contents

제 01 절 상속세의 의의와 특징

1. 상속세의 의의

상속이란 자연인의 사망을 원인으로 사망한 피상속인의 남겨진 재산, 즉 상속재산을 자녀 등의 상속인에게 이전하는 것을 말한다. 상속세는 피상속인으로부터 자녀 등 상속인에게 무상 이전된 상속재산을 담세력으로 하여 과세하는 재산과세의 일종이다. 상속세는 우리 사회의 부의 세습과 집중을 완화하여 국민들 간의 경제적 불평등을 어느 정도 해소하고자 하는 정책적 의의가 있다.

자산의 무상 이전에 대해 부과하는 세금이라는 점에서는 증여세와 동일하지만, 증여세는 증여자가 살아 생전에 이전한 자산에 대하여 부과되는 세금인 반면, 상속세는 피상속인의 사망으로 이전한 자산에 대하여 부과되는 세금이라는 점에서 차이가 있다.

2. 상속세의 특징

우리나라의 상속세에는 다음과 같은 특징들이 있다.

첫째, 상속세는 피상속인이 남긴 상속재산 전체에 대하여 과세한 후, 상속인의 상속분을 안분하는 유산세 방식을 취하고 있다. 이는 수증인 별로 증여받은 재산가액을 기준으로 과세하는 유산취득세 방식의 증여세와는 구분된다.

〈표 1〉 유산세와 유산취득세의 과세방식 비교

유산세 방식	유산취득세 방식
• 피상속인이 남긴 유산 총액을 기준으로 과세하는 방식 • 개인의 생애에 걸쳐 이루어진 유산에 대한 과세를 통해 누적된 조세관계를 정산한다는 점에서 의의가 있음. • 상대적으로 세무행정이 용이하며, 초과누진세율구조에서 세수 증대의 효과가 있음.	• 피상속인의 유산에 대하여 무상으로 취득하는 상속인 · 수유자 · 수증자 등의 취득 재산가액을 과세대상으로 하여 과세하는 방식 • 자산이득세적 성격을 띤 것으로 보고 상속이라는 형태로 자산이 이전되어 상속인의 자산 증가에 대한 특수한 형태의 소득세라 간주함.

Example 01

유산 총액이 100억원이고, 상속인이 모두 10명이다. 각 상속인들이 유산 총액을 동일하게 나눈다고 가정한다면, 상속인들이 부담해야 할 세금은 얼마일까? 간단한 비교를 위하여 상속재산 10억원에 대한 세율을 10%, 100억원에 대한 세율을 50%로 단순 비율로 가정한다.

풀이 및 해답

- 유산세 방식
  피상속인의 유산 총액에 대하여 과세하므로, 상속인들이 부담해야 할 총 세금은 100억원×50%=50억원이다.
- 유산취득세 방식
  상속인이 취득하는 재산가액에 대하여 과세하는 방식이다. 상속인 1명당 10억씩 배분되므로, 1인당 부담해야 하는 세액은 10억원×10%=1억원이 된다. 따라서 상속인 전원이 부담하게 되는 총 세금은 1억원×10명=10억원이다.

둘째, 상속세는 상속인들 간의 연대납세의무가 존재한다. 피상속인은 이미 사망하였으므로 연대납세의무를 질 수 없지만, 상속인들은 각자 상속받은 재산을 한도로 하여 다른 상속인의 상속세에 대하여 연대납세의무를 지닌다.

셋째, 피상속인으로부터 상속인에게 사망 10년 전까지 증여한 재산은 상속재산에 합산하여 과세한다.

넷째, 상속세에는 피상속인의 사망 직전의 재산 증감에 대하여 상속인이 입증해야 할 책임이 있다. 예를 들면, 피상속인의 사망 전 인출한 예금의 사용처를 상속인이 소명해야 할 때도 있다.

알고가기 상속에 관한 법률 상식

상속재산의 분할 방식에는 피상속인의 유언으로 인한 지정상속, 상속인들의 협의에 의한 협의상속 및 법률에서 정한 대로 상속하는 법정상속이 있다. 여기에서는 법정상속에 대해서만 설명한다.

(1) 법정상속인의 순위

순위	대상자
1순위	직계비속과 배우자
2순위	직계존속과 배우자
3순위	형제자매
4순위	4촌 이내 방계혈족

직계비속과 직계존속이 모두 없는 경우에는 배우자가 단독으로 상속한다. 직계비속에는 태아도 포함되며, 법정상속은 피상속인의 4촌 이내의 방계혈족까지만 받을 수 있다. 만약 별도의 유언과 상속인이 없다면, 상속재산은 국고에 귀속된다. 상속인의 성별, 혼인 여부에 따른 상속 비율의 차이는 없다.

(2) 상속 비율

구분	상속인	비율
직계비속과 배우자	장남, 배우자	장남 1 : 배우자 1.5
	장남, 장녀, 배우자	장남 1 : 장녀 1 : 배우자 1.5
직계존속과 배우자	직계존속, 배우자	부 1 : 모 1 : 배우자 1.5

(3) 대습상속제도

대습상속이란 상속인이 될 직계비속 또는 형제자매가 상속개시 전에 사망하거나 결격자가 된 경우, 그 직계비속이 사망하거나 결격된 자의 순위에 갈음하여 상속인이 되는 것을 말한다. 이때 상속개시 전에 사망 또는 결격된 자의 배우자도 그 직계비속과 함께 동 순위의 공동상속인이 되며, 그 상속인이 없을 때에는 단독상속인이 된다.

(4) 동시사망의 추정

시어머니, 남편, 아내 및 미혼의 아들로 구성된 가족을 가정하자. 만약 남편과 아들이 교통사고로 사망한 경우, 다음과 같은 경우를 생각할 수 있다.

① 남편이 아들보다 먼저 사망한 경우 : 남편의 재산은 아들과 아내에게 상속된 후, 아들은 사망하였으므로 아내가 단독 상속한다.

② 아들이 남편보다 먼저 사망한 경우 : 남편과 아내에게 상속된 후, 남편은 사망하였으므로, 남편의 상속 분에 한해서 시어머니와 아내가 함께 상속한다.

이와 같이 같은 사고에서 가족이 함께 사망하는 경우, 사망의 순서에 따라 상속인이 달라져 오랫동안 법정 논쟁이 되었다. 이에 현재는 같은 사고에서 사망하는 경우 동시사망을 추정하여 시어머니와 아내가 공동 상속하도록 하고 있다. 다만 가족 내에 다른 자식이 있는 경우, 혹은 아내가 임신 중이라면, 직계비속이 존재하므로 직계존속인 시어머니는 상속에서 배제된다.

(5) 유류분 제도

피상속인의 유언에 따라 상속하는 경우, 당연히 피상속인의 자유의사가 존중된다. 한편, 상속인의 상속 권리를 최소한도로 보호하기 위하여 법정 상속지분의 2분의 1(직계비속 및 배우자) 또는 3분의 1(직계존속) 이내의 유류분을 청구할 수 있도록 하고 있다.

예를 들어 아들 2명, 딸 1명을 둔 아버지가 사망하면서 6억원의 재산을 장남과 차남에게만 각각 4억원, 2억원을 남기고, 장녀에게는 상속하지 않았다면, 장녀는 법정상속액인 2억원의 2분의 1에 해당하는 1억원을 유류분으로 받을 수 있다.

(6) 상속인 간 협의분할

협의에 의한 상속분할에는 공동상속인 전원이 참가하여야 하며, 일부의 상속인만으로 이루어진 협의분할은 법적으로 무효이다.

(7) 상속포기와 한정상속

피상속인의 채무가 자산보다 많은 경우 상속인은 피상속인이 사망한 날로부터 3개월 이내에 상속포기를 신청할 수 있다. 만약 채무의 크기를 모를 경우에는 상속재산에 한정해서 채무를 부담할 수 있는 한정승인을 신청할 수 있다. 상속포기와 한정상속의 경우 법정상속 순위에 있는 모든 사람이 신청해야 한다.

제 02절 상속세의 과세요건 및 세액계산

1. 상속세의 계산구조

상속세는 피상속인의 모든 상속재산에서 과세제외 재산과 장례비용 등을 차감하여 상속세 과세가액을 산정한다. 이후 각종 공제액(기초공제, 인적공제 및 물적공제)을 차감하여 과세표준을 산출한 후 여기에 세율(10~50%, 5단계 초과누진세율)을 적용하여 납부할 세금을 계산한다.

〈표 2〉 상속세의 계산구조

상속세 과세가액의 계산	총 상 속 재 산	• 본래의 상속재산 • 간주 상속재산 • 추정 상속재산
	(−) 비과세 상속재산가액	• 사회정책 또는 공익목적을 위하여 유증한 재산
	(−) 과 세 가 액 불 산 입	• 공익법인 등의 출연재산
	(−) 공과금 등 공제금액	• 공과금, 장례비용, 상속개시 당시 피상속인의 채무가액
	(+) 사전 증여재산 가산	• 상속인 : 상속개시일 전 10년 이내 • 상속인 외 : 상속개시일 전 5년 이내
	상 속 세 과 세 가 액	
상속세 과세표준의 계산	(−) 상 속 공 제 등	• 기초공제 • 배우자공제 • 인적공제 및 일괄공제 • 금융재산 상속공제 • 재해손실공제 • 동거주택 상속공제 • 감정평가수수료
	상 속 세 과 세 표 준	

산출세액의 계산	(×) 세 율	• 10%~50%
	상속세 산출세액	
결정세액의 계산	(+) 세대생략 할증세액	• 수증자가 자녀 아닌 직계비속일 경우(자녀가 사망한 경우 제외)
	(−) 각종 세액공제액	• 기납부(증여)세액공제, 외국납부세액공제, 신고세액공제(3%)
	상속세 결정세액	
고지세액	(+) 각 종 가 산 세	• 신고 · 납부불성실가산세 20% • 부당 무신고가산세 40%
	(−) 자 진 납 부 세 액	• 연부연납, 물납, 자진납부(분납)세액
	상속세 고지세액	

2. 과세대상

상속세의 과세대상은 상속재산이다. 상속재산은 피상속인에게 귀속되는 모든 재산을 말한다. 상속세의 과세대상으로서 피상속인에 귀속되는 모든 재산의 범위에는 「민법」상 상속재산, 간주 상속재산 및 추정 상속재산이 포함된다.

「민법」상 상속재산은 금전으로 전환 가능한 경제적 가치가 있는 물권 등을 말하며, 피상속인이 상속개시일 현재 소유하고 있는 재산을 말한다.

간주 상속재산은 상속 · 증여라는 법률상 원인에 의하여 취득한 재산이 아니더라도 상속 · 증여에 의한 재산 취득과 동일한 결과가 발생하는 경우 상속재산으로 간주되는 재산을 말한다.

추정 상속재산은 상속세를 회피할 목적으로 피상속인의 사망전 재산처분 등을 통해 현금으로 전환하여 상속인에게 상속하는 경우 과세관청의 입증 없이 상속재산으로 추정하는 것을 말한다.

3. 과세표준과 결정세액

상속세의 과세표준은 피상속인의 모든 재산가액을 합산한 가액에서 배우자공제·인적공제·가업상속공제 등 상속공제를 차감하고, 상속재산을 평가하기 위한 감정평가수수료도 차감하여 상속세 과세표준을 산정한다.

(1) 총상속재산가액

상속재산가액에는 「민법」상 상속재산, 간주 상속재산 및 추정 상속재산을 포함한다. 상속재산은 상속개시 당시의 「시가」로 평가하는 것이 원칙이다. 다만, 시가 산정이 어려울 경우 공시지가 등의 보충적 평가방법도 가능하다.

1) 간주 상속재산

간주 상속재산은 상속·증여라는 법률상 원인에 의하여 취득한 재산이 아니라 사망을 원인으로 발생하는 상속재산으로, 의제 상속재산이라고도 한다. 예를 들어 사망으로 인해 받게 되는 보험금이나 피상속인에게 지급될 퇴직금, 퇴직수당, 공로금, 연금 또는 이와 유사한 것이 피상속인의 사망으로 인하여 상속인에게 지급되는 경우 이를 상속재산으로 간주한다.

2) 추정 상속재산

추정 상속재산이란 상속개시일 전 일정기간의 피상속인의 재산처분액 또는 재산인출액 중 용도가 불분명한 것을 말한다. 상속세를 회피하기 위하여 재산을 미리 처분하거나 일부러 채무를 지는 경우가 있는데, 이를 방지하기 위하여 재산 처분으로 받은 현금, 현금 인출, 채무부담 등을 상속재산에 합산한다.

과세관청의 상속재산 추정시 그 반대되는 처분 용도나 인출 용도에 대한 사실입증의 책임은 상속인에게 있다. 다만 피상속인이 이미 사망하여 상속인이 전부를 입증하는 것은 불가능하기 때문에 일정 금액 이상만을 입증하도록 하고 있다. 구체적으로는 다음과 같다.

- 피상속인이 재산을 처분하여 받은 금액이 상속개시일 전 1년(2년) 이내에 재산 종류별로 계산하여 2억원(5억원) 이상인 경우로서 용도가 객관적으로 명백하지 않은 경우
- 피상속인의 재산에서 인출한 금액이 상속개시일 전 1년(2년) 이내에 재산 종류별로 계산하여 2억원(5억원) 이상인 경우로서 용도가 객관적으로 명백하지 않은 경우
- 피상속인이 부담한 채무를 합친 금액이 상속개시일 전 1년(2년) 이내에 2억원(5억원) 이상인 경우로서 용도가 객관적으로 명백하지 않은 경우

(2) 비과세 상속재산가액

상속세를 부과함에 있어 사회정책 또는 공익목적을 달성하기 위해 비과세 상속재산가액을 규정하고 있다. 예를 들어 피상속인이 전쟁 등의 공무수행 중 전사한 경우 상속의 원인이 사회정책 또는 공익목적을 달성하기 위한 것이므로 과세에서 제외하고 있으며, 상속재산 중에서도 피상속인이 국가 등에 유증 등을 한 재산, 분묘에 속한 금양 임야와 묘토인 농지, 족보와 제구 등도 비과세하고 있다.

(3) 과세가액 불산입 및 공과금 등의 공제금액

상속세 과세표준 산정시 과세가액 불산입액과 공과금 등은 차감한다. 과세가액 불산입이란 원칙적으로 상속세 과세대상에 속하지만 사회정책적인 목적을 달성하기 위해 과세표준에서 차감하는 항목으로 공익법인 등의 출연재산과 공익신탁 재산이 있다. 공익신탁재산은 종교·자선·학술 또는 그 밖의 공익을 목적으로 하는 공익신탁을 통하여 공익법인 등에 출연하는 재산을 말한다. 이러한 공익신탁재산은 그 목적 및 사회적 기능이 공익법인 등과 사실상 차이가 없다.

그리고 공과금 등의 공제금은 상속개시일 현재 피상속인이나 상속재산에 관련된 공과금, 장례비용, 채무 등으로 과세표준에서 공제된다.

〈표 3〉 공과금 등의 공제금 내용

구분	내 용	공제금액
공과금	• 상속개시일 현재 피상속인이 납부할 의무가 있는 것으로서 상속인에게 승계된 조세·공공요금 및 기타의 공과금 (단, 체납처분비, 벌금, 과태료 등은 공과금에 포함되지 않음)	• 그 공과금 등의 가액
장례비용	• 피상속인의 사망일부터 장례일까지 장례에 직접 소요된 금액	• 500만원~1,000만원(봉안시설·자연장지를 이용한 경우 그 소요된 비용에 대하여 추가로 최대 500만원까지 공제)
채무	• 상속개시 당시 피상속인의 채무로서 상속인이 실제로 부담하는 사실이 증명되는 것	• 그 채무가액

(4) 사전증여 재산가액

상속세 과세가액에는 상속재산의 가액에서 피상속인이 상속개시일 전 일정기간 내(상속인 10년, 상속인 외 5년)에 미리 증여한 재산가액을 가산한다. 일정기간 내에 증여재산을 상속세 과세가액에 합산하는 것은 상속세의 누진과세를 회피하기 위하여 미리 분할 증여하는 것을 방지하기 위함이다.

(5) 상속공제

세법에서는 상속세를 산정함에 상속공제를 허용하고 있다. 상속공제는 피상속인의 사망으로 인하여 상속인들이 겪을 수 있는 경제적 어려움과 경제정책적 목적을 위해 상속세 부담을 완화하기 위한 장치이다.

상속공제에는 배우자 상속공제, 그 밖의 인적공제, 일괄공제와 같이 상속인들의 인적 구성을 고려한 인적공제와 가업·영농상속공제, 금융재산상속공제, 동거주택상속공제와 같은 상속재산의 구성에 따른 물적공제로 구분된다.

〈표 4〉 상속공제의 내용

구분		공제금액
인적공제	기초공제	• 2억원
	배우자공제	• 배우자가 실제로 상속받은 가액을 법정상속분에 따른 한도액(30억원) 범위에서 공제 • 위 금액이 5억원 미만인 경우, 5억원 공제
	그 밖의 인적공제	• 자녀공제(태아포함) : 1인당 5,000만원 • 미성년자공제(태아포함) : 1,000만원×19세까지의 잔여연수 • 연로자 공제(65세 이상) : 5,000만원 • 장애인공제 : 1,000만원×(통계청 고시 기대여명연수)
	일괄공제	• 일괄공제 5억원 또는 (기초공제+그 밖의 인적공제) 중 큰 금액 선택
물적공제	가업상속공제	• 가업상속재산의 100% －10년 이상 : 300억원, 20년 이상 : 400억원, 30년 이상 : 600억원
	영농상속공제	• 영농상속재산가액(30억원 한도)
	금융재산 상속공제	• 순금융자산가액의 20% 공제(한도 : 2억원) • 순금융재산가액의 20%가 2천만원 미달시 2천만원을 공제, 순금융재산가액이 2천만원에 미달시 순금융재산가액 공제
	재해손실공제	• 상속개시 이후 신고기한 이내에 재난 등으로 상속재산이 멸실 및 훼손된 경우에 그 손실가액
	동거주택 상속공제	• 피상속인과 상속인이 10년 이상 동거한 1세대 1주택을 무주택 상속인(직계비속 및 직계비속의 배우자)이 상속 받은 경우 주택가액의 100%를 6억원 범위 내에서 공제

Example 02 양도소득세의 계산

홍길동은 주택 10억원, 예금 5억원, 비상장주식 15억원을 보유하고 있던 중 교통사고로 사망하였다. 생계를 같이 하던 가족으로는 모친(70세), 배우자 및 아들(21세, 미혼)이 있다. 주택과 예금은 무주택자인 배우자에게, 비상장주식은 아들에게 상속되었다. 인적공제 금액은 얼마인가?

풀이 및 해답

① 1단계 : 기초공제 및 기타 인적공제 금액을 구한다.
기초공제 2억원+자녀공제 5천만원+연로자공제 5천만원=3억원,
이는 일괄공제 5억원보다 낮은 금액이므로 일괄공제 5억원을 선택한다.

② 2단계 : 배우자 상속공제 금액을 구한다.
배우자 실제 상속가액=예금 5억원+주택 10억원=15억원

※ 만약 법정상속하였다면, 배우자가 상속받을 수 있었던 재산은 상속재산가액 30억원×(1.5/1+1.5)=18억원으로, 18억원을 공제받을 수 있었다.

③ 3단계 : 인적공제 금액을 구한다.
인적공제금액=5억원+15억원=20억원

※ 배우자는 실제 상속재산이 없더라도 최소 5억원이 공제된다.

알고가기 가업상속공제제도

가업상속공제제도란 중소기업 등의 원활한 가업승계를 지원하기 위하여 피상속인이 생전에 10년 이상 영위한 중소기업 등을 상속인이 정상적으로 승계한 경우에 최대 600억원까지 상속공제를 하여 가업승계에 따른 상속세 부담을 경감시켜 주는 제도이다.

공제대상	• 중소기업 및 매출액 5,000억원 미만의 중견기업
공제금액	• 가업상속재산의 100% • 공제한도 : 피상속인이 10년 이상 경영한 가업 : 300억원, 20년 이상 경영한 가업 : 400억원, 30년 이상 경영한 가업 : 600억원

피상속인 요건	• 피상속인이 10년 이상 계속하여 경영 • 가업의 영위 기간 중 50% 이상 또는 10년 이상 대표이사 재직 또는 상속개시일부터 소급하여 10년 중 5년 이상을 대표이사로 재직 • 피상속인과 특수관계인의 주식 등을 합하여 비상장기업 50%(상장기업 30%) 이상을 계속하여 보유
상속인 요건	• 상속개시 전 가업에 종사한 기간이 2년 이상 • 상속세 신고기한까지 임원 취임, 2년 내 대표이사 취임 • 공동상속 허용
사후 의무요건	• 상속공제 후 10년간 자산유지, 가업종사, 지분유지, 고용유지 등의 요건을 충족해야 함.

(6) 세율

현행 상속세율은 과세표준의 금액 구간을 1억원 이하 단계의 10%부터 30억원 초과 단계의 50%까지 5단계로 구분하는 초과누진세율구조이다.

〈표 5〉 상속세의 세율

과세표준	세 율
1억원 이하	10%
1억원 초과~ 5억원 이하	1천만원+ 1억원을 초과하는 금액의 20%
5억원 초과~10억원 이하	9천만원+ 5억원을 초과하는 금액의 30%
10억원 초과~30억원 이하	2억 4천만원+10억원을 초과하는 금액의 40%
30억원 초과	10억 4천만원+30억원을 초과하는 금액의 50%

(7) 상속세 결정세액

상속세는 정부부과방식의 세금으로 과세관청이 과세표준과 세액을 결정하며, 결정세액은 다음과 같이 상속세 산출세액에서 세액공제 등을 차감 또는 가감하여 산정한다.

1) 세대생략 할증과세

상속인이 피상속인의 자녀가 아닌 직계비속인 경우에는 할증과세를 적용한다. 이는 할아버지에서 손자로 직접 상속하는 경우 아버지에서 손자로 상속될 때 부담해야 할 상속세를 회피하는 것이 되므로 이를 방지하기 위한 조치이다. 다만, 부모가 조부모보다 먼저 사망한 경우에는 할증과세를 하지 않는다.

세대생략 할증금액은 상속세 산출세액에 상속재산 중 그 상속인이 받았거나 받을 재산이 차지하는 비율을 곱하여 계산한 금액에 30%(미성년자 상속재산가액 20억 초과 40%)를 곱한 금액이다.

2) 세액공제

상속세의 세액공제 항목은 증여세액공제, 외국납부세액공제 및 단기 재상속에 대한 세액공제 등이 있다. 증여세액공제는 상속재산에 가산한 증여재산에 대한 증여세액(증여 당시 납부한 증여세금)을 상속세 산출세액에서 공제한다. 외국납부세액공제는 외국에서 부과받은 상속세에 대한 이중과세 문제를 방지하기 위하여 일정 한도 내에서 공제하는 것이다. 단기 재상속에 대한 세액공제는 상속개시후 단기간에 다시 상속이 개시된 경우에는 직전의 상속세가 부과된 상속재산 중 재상속분에 대한 직전 상속세 상당액을 상속세 산출세액에서 공제한다.

제 03 절 상속세의 신고와 납부

1. 상속세의 납세의무자

상속세의 납세의무자는 상속으로 인하여 무상으로 재산을 취득한 자가 납세의무자이다. 상속세의 납세의무자는 원칙적으로 「민법」상 자연인이어야 한다. 만일 자연인이 아닌 법인이 상속받는 경우에는 상속세가 아니라 무상이익의 증가에 대한 법인세를 부담한다. 그리고 피상속인이 거주자인 경우에는 국내외에 소재하는 상속재산 전부에 대해 납세의무가 있고, 비거주자인 경우 국내에 소재하는 상속재산에 대해서만 납세의무가 있다.

한편, 상속세는 상속인 각자가 받는 재산을 한도로 연대하여 납세할 의무가 있다.

2. 상속세의 신고 · 납부기한

상속세는 정부부과방식으로 납부한다. 다만 납세자의 신고를 기초로 과세표준과 세액을 최종 결정한다. 그러므로 상속인은 상속개시일이 속하는 달의 말일부터 6개월 이내에 상속인 중 1인이 상속세의 과세가액 및 과세표준을 피상속인의 주소지가 있는 납세지 관할 세무서장에게 신고해야 한다. 기한 내 신고한 경우에는 상속세를 3% 공제한다.

상속재산에는 부동산과 같이 유동성이 낮은 자산이 많은 관계로 다양한 납부제도가 존재한다. 세금은 금전 납부가 원칙이지만, 상속세의 경우 현금으로의 전환이 곤란하다고 인정되는 경우에는 예외적으로 물납을 허용하고, 세금을 나누어 낼 수 있는 연부연납(일반적으로 10년) 제도를 두고 있다.

〈표 6〉 상속세의 납부방법

구분		내 용
현금납부	자진납부	• 원칙적인 납부방법 : 1회 완납을 원칙으로 함
	분납	• 납부세액이 1천만원을 초과하는 경우 －2천만원 이하 : 1천만원을 초과하는 금액 －2천만원 초과 : 납부할 세액의 50% 이하의 금액
	연부연납	• 납부세액이 2천만원을 초과하고 납세담보를 제공하는 경우 －일반재산 : 허가받은 날부터 10년 －가업상속재산 : 20년 또는 10년 거치 후 10년
물납		• 부동산과 유가증권가액이 1/2을 초과하고 납부세액이 2천만원을 초과하는 경우 －물납충당순위 : ① 국채 및 공채, ② 상장 유가증권(① 제외), ③ 국내 소재 부동산, ④ 비상장유가증권(① 제외), ⑤ 상속인 거주주택과 부수토지 －2023년 1월 1일부터 문화재·미술품도 물납 대상

3. 상속세의 고려사항

(1) 상속받을 재산보다 부채가 많다면, 상속을 포기할 수 있다.

상속을 포기하고자 하는 경우 상속개시가 있음을 안 날로부터 3개월 이내에 가정법원에 상속포기신고를 해야 한다. 만약, 상속재산보다 부채가 많은지가 불분명한 경우에는 취득할 재산한도 내에서 채무변제를 조건으로 하는 상속한정승인을 할 수 있다.

(2) 신고기한 내에 상속재산을 빠짐없이 신고한다.

신고기한 내에 신고를 하지 않는 경우에는 20% 가산세를 내야 하고, 만약 적게 신고한 경우에는 10% 가산세, 부당 과소 신고금액에 대해서는 40% 가산세를 내야 한다.

⑶ 장례비용이 5백만원을 초과하면 지출증빙서류를 잘 준비해야 한다.

장례비용으로는 최소 5백만원을 공제하며, 5백만원을 초과한 경우에는 한도 1천만원 내에서 공제받을 수 있다.

⑷ 공제가능한 채무 유무를 반드시 확인해야 한다.

상속세 과세가액에서 차감하는 채무의 금액은 상속개시 당시 피상속인의 채무로서 상속인이 실제로 부담한다는 사실이 입증되어야 한다.

⑸ 증빙을 잘 갖추어야 한다.

피상속인이 사망하기 1년 또는 2년 내의 재산의 처분금액, 예금인출액 및 채무부담액에 대해서는 철저하게 증빙을 갖추어야 한다.

⑹ 상속개시일 전후 6개월 이내에는 부동산 처분을 자제한다.

상속재산은 상속개시 당시의 시가평가가 원칙이다. 다만, 시가 산정이 어려운 경우에는 공시지가와 같은 보충적 방법이 사용된다. 공시지가는 시가보다 낮게 산정되기 때문에 부동산 처분은 서두르지 않는 것이 좋다.

⑺ 피상속인의 배우자가 있는 경우, 배우자상속공제를 최대한 활용한다.

피상속인의 배우자는 상속받지 않더라도 5억원의 인적공제가 가능하다.

만약 피상속인의 상속재산이 25억원이고, 배우자와 아들 1명이 상속인이라고 가정하자.

① 배우자가 상속하지 않는 경우

상속세 과세표준=25억원－5억원(배우자공제)－5억원(일괄공제)=15억원.

② 배우자가 법정상속하는 경우

배우자 상속재산=25억원×{1.5/(1+1.5)}=15억원

상속세 과세표준=25억원－15억원(배우자공제)－5억원(일괄공제)=5억원.

'①'과 '②'를 비교하면, 배우자가 상속하는 것이 상속세 절세 측면에서 유리하다는 것을 알 수 있다.

(8) 증여재산공제 한도 내에서 미리 증여하는 것도 좋은 방법이다.

증여재산공제 한도는 다음과 같다.

수증자	배우자	직계존속	직계비속	기타 친족
공제한도액	6억원	5천만원	5천만원	1천만원

다만, 피상속인이 사망하기 전 10년 이내에 상속인에게 증여한 재산가액은 상속세 계산 시 다시 합산되므로 증여의 효과는 없다.

예를 들어, 30억원의 재산을 가지고 자녀 2명이 있는 사람이 사망하기 전 11년 전에 자녀에게 5억원을 증여하고 사망했다면, 상속세 과세표준은 25억원－5억원(일괄공제)=20억원이 된다. 하지만 사망하기 전 10년 이내에 자녀에게 5억원을 증여하고 사망했다면, 상속세 과세표준은 25억원+5억원(증여재산)－5억원(일괄공제)=25억원이 된다.

⑼ 세대를 건너뛰어 상속하면 상속세로 30%를 더 내야 한다.

⑽ 병원비는 사망 후 내거나 피상속인의 재산으로 납부하는 것이 좋다.

피상속인 명의의 예금이 있다면, 이를 인출하여 사용하는 것이 좋다. 또한 피상속인이 돌아가실 때까지 내지 못한 병원비는 채무로서 공제받을 수 있다.

알고가기 상속과 증여, 어느 것이 유리한가?

상속세와 증여세는 다음의 3가지의 측면에서 차이가 있으므로, 각자의 사정을 잘 고려해서 선택한다.

① 세금 계산방식의 차이

- 상속세 : 유산세 방식
- 증여세 : 유산취득세 방식

② 신고 및 납부장소의 차이

- 상속세 : 상속개시일이 속하는 달의 말일부터 6개월 이내, 피상속인의 주소지
- 증여세 : 증여받은 날이 속하는 달의 말일부터 3개월 이내, 수증자의 주소지

③ 인적공제 금액의 차이

예를 들어, 김한국씨의 재산이 15억원이라고 가정하자. 배우자에게 6억원, 나머지 9억원을 2명의 성인 자녀에게 4억 5천만원씩 상속 혹은 증여하는 경우를 고려하자.

- **상속세** : 배우자공제(6억원)와 일괄공제(5억원)가 적용되어 인적공제로 11억원이 공제된다. 따라서 과세표준은 15억원－11억원＝4억원이고, 20%의 초과누진세율이 적용되어 상속세는 1천만원＋(4억원－1억원) ×20%＝7천만원이 된다. 계산된 상속세는 상속인들 간에 상속지분비율로 안분하여 부담한다.
- **증여세** : 배우자는 증여세가 없다. 자녀의 경우 각자 4억 5천만원에서 5천만원을 공제하여 과세표준은 4억원이 된다. 20% 초과누진세율이 적용되어 증여세는 각각 7천만원이 계산된다. 결과적으로 가족 전체가 1억 4천만원의 증여세를 부담하게 된다.
- 다만, 10년 단위로 여러 번 증여한 후 상속한다면, 세금을 전혀 내지 않을 수도 있다.

메모

chapter 11

납세자보호제도

contents

제01절 조세의 확정과 소멸

1. 조세의 확정

납세의 의무는 각 세법에서 규정하고 있는 과세요건을 충족하는 때에 성립한다. 과세요건이 충족되면, 과세표준과 세액을 확인하여 이를 정부에 신고하는 등의 절차를 통해 납세의 의무가 확정된다. 확정된 납세의무는 납부 및 충당, 과세권의 소멸 등을 통해 소멸된다.

국가 또는 지방자치단체의 과세권 행사를 위해서는 성립된 납세의무를 구체적으로 확정해야 한다. 납세의 확정방식은 크게 다음의 세 가지 방식으로 구분할 수 있다.

(1) 자진신고납부방식

자진신고납부방식은 납세의무자가 스스로 과세표준과 세액을 정부에 신고하면 확정되는 방식이다. 현재 자진신고납부방식에 의하여 세금이 확정되는 세목에는 국세 중 소득세, 법인세, 부가가치세, 개별소비세, 주세, 증권거래세, 교육세 및 교통·에너지·환경세, 관세 등이며, 지방세는 주민세, 지방소득세, 지방소비세, 취득세, 등록면허세 등이 있다.

자진신고납부방식은 민주적인 시민사회에 부합하는 방식이다. 그러나 납세의무자의 납세윤리와 세법에 대한 지식이 요구된다는 단점이 있다. 만약 납세의무자가 자진신고를 하지 않거나, 자진신고에 의한 세액계산 등이 법률 규정을 위반한 경우에는 과세권자가 세액과 과세표준을 결정한 때에 납세의무가 확정된다.

(2) 정부부과방식

정부부과방식은 납부해야 할 세금의 과세표준과 세액을 정부가 결정하여 부과하면 확정되는 방식이다. 과세권자인 정부가 납세의무자에게 과세표준과 세액을 고지한 때에 납세의무가 확정된다. 현재 정부부과방식에 따라 납세의무가 확정되는 세목에는 상속세 및 증여세, 재산세, 종합부동산세 등이 있다.

(3) 자동확정방식

자동확정방식이란 납세의무가 성립하는 때에 특별한 절차 없이 확정되는 방식이다. 확정되면 바로 징수 절차가 진행된다. 현재 자동확정방식의 세목으로는 인지세, 원천징수하는 소득세, 납세조합이 징수하는 소득세, 중간예납 법인세 등이 있다.

2. 조세의 소멸

조세의 소멸은 확정된 납세의무가 없어지는 것을 말한다. 조세가 소멸된다는 의미는 납세의무자가 해당 세금을 내야할 의무가 더 이상 존재하지 않는다는 것을 의미하는데, 일반적으로 세금을 납부하거나 충당되면 조세의 의무가 소멸된다. 부과취소·부과 제척기간의 만료, 소멸시효의 완성 등에 의해서도 납세의무가 소멸한다.

하지만 납세의무자가 확정된 납세의무에 대해 납부 등을 하지 않을 경우, 과세권자인 정부는 과세채권에 대한 자력집행권을 기초로 강제징수 절차에 따라 납부를 실현하여 납세의무를 소멸시킬 수 있다.

(1) 납부와 충당

납부란 납세의무자가 세금을 국고에 납입하는 것을 의미한다. 납세의무자에는 연대납세의무자 등을 포함한다. 충당이란 과세권자인 중앙정부나 지방자치단체가 납세의무자의 동의하에 납부할 세액 및 가산금 등과 환급할 세액을 상계처리하거나, 공매대금을 체납액에 충당하여 납세의무를 소멸시키는 것이다.

(2) 과세권자의 부과권 및 징수권의 소멸

1) 부과취소 또는 무효

당초 과세관청의 부과처분 자체가 취소되거나 무효가 된 경우에는 납세의무가 소멸된다. 부과처분의 취소란 과세권자나 납세의무자가 부과처분의 잘못된 점을 발견하여 과세권자가 직권으로 취소하거나 행정심판 및 행정소송에 의해 그 부과처분이 취소된 경우로서, 조세확정의 효력이 상실되기 때문에 조세는 소멸한다.

부과처분의 무효란 과세관청의 부과처분에 중대하고 명백한 하자가 있어 무효가 되는 것으로, 조세가 확정되지 않은 것이 되므로 소멸시킬 납세의무도 존재하지 않는 것이 된다.

2) 부과권의 제척기간 만료

세금을 부과할 권리인 부과권은 과세관청이 세법에 근거하여 성립한 조세를 확정하는 법률상 권리이다. 그러나 이러한 부과권이 기한 없이 행사될 경우 납세의무자의 법적 안정성을 해칠 우려가 있기 때문에 세법에는 과세관청이 부과권을 행사할 수 있는 기간을 규정하고 있다. 이를 부과권의 「제척기간」이라 한다.

부과권의 제척기간은 원칙적으로 5년이며, 납세의무자의 부정한 행위가 있는 경우에는 10년까지이다. 과세관청이 부과권을 제척기간 내에 행사하지 않고 만료한다면, 납세의무자에 대한 부과권은 소멸한다.

3) 징수권의 소멸시효 완성

징수권은 확정된 조세채권의 이행을 청구하는 권리이다. 과세관청의 징수권 역시 일정한 행사기간을 규정하고 있는데 이를 징수권의 소멸시효라고 한다. 일반적인 조세징수권의 소멸시효는 징수권을 행사할 수 있는 때부터 5년 또는 10년간이고, 징수권의 소멸시효가 완성되면 납세의무는 소멸한다.

제 02절 세무조사와 납세자권리보호

과세관청은 세법이 정하는 바에 따라 세금을 부과·징수하여 국가 재원의 조달이라는 역할을 수행한다. 과세관청의 업무는 크게 다음의 2가지로 구분할 수 있다.

첫째, 납세자가 세법의 규정에 따라 자신의 납세의무를 제대로 이행할 수 있도록 안내하고 도와주는 업무이다. 이를 위하여 과세관청은 법령해석, 세금신고안내, 세금해설책자 제작·배부, 세무상담 등의 기능을 수행한다.

둘째, 모든 납세자가 세법이 정하는 바에 따른 납세의무를 제대로 이행하도록 세금신고·납부 자료의 관리와 분석, 불성실납세자 선정 및 세무조사, 체납자에 대한 세금 강제징수 등의 기능을 수행한다.

여기에서는 세무조사에 대해서 알아본다.

1. 세무조사

납세자는 신고 등의 협력의무를 이행하지 않거나 구체적인 조세탈루의 혐의가 없는 한 성실하게 신고·납부한다고 추정된다. 다만, 경우에 따라서 세무조사의 대상으로 선정되며, 공정한 과세를 위하여 최소한의 기간과 범위에서 조사를 받게 된다.

세무조사의 대상으로 선정된 납세자는 증거인멸의 우려가 없는 한 사전에 세무조사의 기간과 선정사유를 통지받게 되며, 사업상의 어려움으로 불가피한 때에는 세무조사의 연기를 요구할 수 있다. 이 때 납세자는 세무대리인의 조력을 받을 수 있고 명백한 조세탈루의 혐의가 없는 한 중복조사를 받지 않는다. 장부 등의 서류는 탈루혐의가 있는 경우, 납세자의 동의 하에 과세관청에 일시 보관될 수 있다. 납세자는 세무조사의 기간이 연장, 중지되거나 조사의 범위가 확대될 때, 그 사유를 서면으로 통지받을 권리가 있고, 조사가 끝나게 되면 조사 결과를 받을 권리가 있다.

(1) 세무조사대상 선정기준

1) PCI 시스템

PCI(Property, Consumptions and Income Analysis) 시스템은 납세자가 신고한 자산, 소득 및 소비현황을 비교분석하는 시스템이다. 소득이나 법인세의 신고내용을 사후에 검증하여 소득이나 매출액이 갑자기 줄었거나 비율이 맞지 않을 경우 세무조사대상으로 선정할 수 있다.

2) 탈세제보

갑작스러운 세무조사는 대개의 경우, 차명계좌 제보나 탈세제보에 의한 경우가 많다. 탈세제보를 하는 사람들은 주로 퇴사한 직원이나 거래처, 경리담당직원, 지인 혹은 가까운 친척 등 매우 다양하다.

알고가기 **국세청의 조사항목**

- **친인척 가공인건비** : 사업자의 친인척의 명단과 이들의 급여 지급금액, 실제근무여부를 확인한다.
- **적격증빙** : 세금계산서, 신용카드, 현금영수증, 계산서 등 사업자의 명의로 된 자료를 확보하여 적정하게 신고하였는지 금융증빙을 수행한다.
- **특수관계자간 거래** : 법인의 경우 주주의 구성관계 중 특수관계를 파악하고, 특수관계자간의 거래금액이나 시기 등을 검증한다.
- **가지급금** : 개인사업자보다는 법인에 해당하는 내용으로, 법인사업자인 법인대표가 급여 혹은 배당이 아닌 법인의 자금을 일시적으로 가져가는 것을 말한다. 자금의 사용처를 검증한다.
- **상품권의 구매자료** : 상품권을 구매한 내역이 있다면 상품권이 어디에 사용되었는지 자금을 추적한다.
- **신용카드 사용내역** : 법인이나 사업소득의 필요경비가 법인 대표의 가족이나 임직원의 골프, 주류 구입, 피부미용 시술, 명품 구입 등의 사적 경비에 사용되지는 않았는지 확인한다.

(2) 세무조사대상 선정 통지

세무조사대상으로 선정되면 「세무조사사전통지서」와 「해명자료제출안내문」이 통지된다.

1) 세무조사사전통지서

세무조사사전통지서에는 조사대상 세목, 조사대상, 과세기간, 조사기간, 조사사유, 조사청, 조사담당관 등이 포함되어 있다. 세무조사사전통지서는 세무조사개시일 15일전까지 통지된다.

세무조사사전통지서(사례)

조사대상 세목	부가가치세(혹은 종합소득세 등)
조사대상 과세기간	××년 ××월 ××일부터 ××년 ××월 ××일까지
조사기간	○○년 ○○월 ○○일부터 ○○년 ○○월 ○○일까지
조사이유	개인사업자 통합조사
조사제외대상	세목, 과세기간, 제외이유

2) 해명자료 제출안내문

제출안내문에는 제출해야 할 자료와 조사청, 조사담당관이 기재되어 있다. 또한 제출 자료의 발생 경위 및 해명을 요구한다. 해명자료 제출안내문에 따라 적극적으로 대응하는 것이 중요하다.

(3) 정기조사와 비정기조사

〈표 1〉 세무 정기조사와 비정기조사의 구분

구분	정기조사	비정기조사
세무조사 사전통지	• 15일 전 통지	• 사전통지생략 • 조사당일 통지서 전달
사전연락	• 사전유선통화 • 세무대리인을 통한 조율 가능	• 사전연락 없이 사업장 방문
조사 대상기간	• 1년	• 3～5년
금융조회	• 원칙적으로 생략 (추후 조회가능)	• 사전조회 필수 • 관련인(지인 · 친인척 · 거래처 · 직원) 확대 가능
일시보관	• 해당 없음	• 서류나 컴퓨터 기록 열람을 위한 일시보관 가능(대표자 서명동의 필요)

⑷ 세무조사에의 대응

1) 세무조사 개시 전

과세관청에서는 세무조사에 관한 궁금증을 해결할 수 있도록 오리엔테이션을 실시한다. 세무조사 개시 전일까지 조사관청에 신청하면, 조사선정사유, 진행절차, 납세자권리 등에 대하여 알려주며, 신청하지 않더라도 조사 개시일에 이들에 대해서 알려 준다.

천재지변이나 질병 등의 이유로 세무조사를 연기할 수도 있는데, 예정일 2일 전까지 「세무조사연기신청서」를 제출하면 된다. 단, 국세부과의 제척기간 만료가 임박하거나 조세채권확보가 시급한 경우, 탈세제보 등 구체적 탈루혐의가 있는 경우에는 세무조사의 연기가 불가능하다.

2) 세무조사 실시

세무조사는 사업장에서 실시하고, 세무대리인의 입회가 가능하다. 조사청의 요구사항을 소명하고, 쟁점사항에 대해서는 관련사례를 수집하거나 국세법령정보시스템을 이용하여 법령, 예규, 판례 등을 이용한다. 최소한의 경위로 실시되지만, 납세자보호위원회 승인 등을 거쳐 조사범위가 확대될 수 있다.

3) 세무조사 종결 후

세무조사의 결과는 문서로 통보되며 통지일로부터 30일 경과한 후, 이의신청이 없다면 세금이 고지된다. 고지된 세금을 납부기간 내에 납부하면 된다. 입증되지 않은 경비는 경영자 상여처분으로 간주되어 소득세를 추가 납부해야 한다. 만약 이제껏 잘못된 관행이 있었다면 이를 바로잡는 계기로 삼도록 한다.

2. 납세자권리보호

과세관청으로부터 부당한 처분 또는 절차로 납세자가 권익을 침해당하거나 침해당할 우려가 있을 때에는 납세자보호담당관과 납세자보호위원회를 통하여 권익을 보호받을 수 있다.

납세자의 권리보호요청이란 세무관서장의 처분이 완료되기 전의 국세행정 집행이 예정된 과정에서 납세자의 권리가 부당하게 침해되고 있거나 권리침해가 현저히 예상되는 경우 납세자의 권리보호를 요청하는 제도이다. 납세자의 권리보호요청이 접수되면 납세자보호담당관은 사실관계를 확인하고 적절한 권한을 행사하여 시정조치를 취해야 한다.

세무조사와 관련된 권리보호요청은 관할 세무관서장이 납세자보호위원회의 심의를 거쳐 처리하고 납세자는 관할 세무관서장의 결정에 대해 7일(7일이 경과하기 전에 세무조사 기간이 종료되는 경우에는 그 종료일) 이내에 국세청장에게 그 결정의 취소 또는 변경을 요청할 수 있다.

1) 납세자보호담당관

납세자보호담당관은 세금의 부과·징수 및 조사과정에서 일어날 수 있는 납세자의 불만과 억울함을 경청하고, 사실관계를 확인하여 적극적으로 해결하는 등 납세자의 권익을 보호하는 국세전문 옴부즈맨(ombudsman)제도를 말한다.

납세자보호담당관실은 전국 세무관서에 설치되어 있고, 세무조사 부서와 서로 견제와 균형을 이루어 세무조사가 세법에 따라 공정·투명하게 이루어지도록 하는 기능을 한다.

2) 납세자보호위원회

납세자보호위원회는 세금을 집행 과정에서 납세자의 권익보호 사안을 공정하고 투명하게 처리하기 위해 세무서, 지방국세청 및 국세청에 설치된 기구이다. 납세자보호위원회는 납세자보호담당관을 제외한 모든 위원이 조세·법률·회계 분야에 전문 지식과 경험을 가진 민간위원으로 구성되어 있다.

납세자는 세무조사 기간이 끝나는 날까지 세무서장 또는 지방국세청장에게 심의요청할 수 있고, 요청받은 날부터 20일 이내 결정·통지해야 한다.

제 03 절 납세자 권리구제

납세자 권리구제는 국가의 위법·부당한 조세처분으로 인하여 납세자의 권리와 이익이 침해받은 경우 법이 정한 절차에 따라 이를 다투고 시정 받을 수 있도록 하는 납세자의 기본권을 보장하는 제도이다.

납세자 권리구제에는 ① 과세관청이 세금을 고지하기 이전의 단계에서 납세자의 권리를 구제하는 사전적 권리구제 제도와 ② 납세자가 과세관청의 조세처분 등에 의하여 재산권 등이 침해당하였다고 판단하여 그 처분의 취소나 변경을 청구하는 사후적 권리구제 제도로 구분할 수 있다.

1. 사전적 권리구제

과세관청은 세무조사 결과 등에 따른 세금의 고지처분을 실시하기 전에 과세할 내용을 미리 납세자에게 통지한다. 「과세전적부심사」는 이러한 과세예고통지

내용의 적법성 여부를 검증하는 제도이다. 과세처분이 실시되기 전에 권리구제를 주장할 수 있기 때문에 사후적 권리구제보다 신속한 권리구제가 가능하다는 장점이 있다.

납세의무자는 과세관청으로부터 세무조사의 결과통지 혹은 과세예고통지를 받은 날로부터 30일 이내에 해당 통지 내용에 대한 과세전적부심사를 청구할 수 있다. 과세전적부심사는 원칙적으로 납세의무자가 세무서장 또는 지방국세청장, 국세청장 등 과세관청을 상대로 청구하여야 한다.

과세전적부심사청구를 받은 세무서장, 지방국세청장 또는 국세청장은 각각 국세심사위원회의 심사를 거쳐 해당 과세내용의 적법성여부를 결정을 하고, 그 결과를 청구를 받은 날부터 30일 이내에 청구인에게 통지하여야 한다. 청구세액이 10억원 이상인 경우 등에는 국세청에 과세전적부심사청구를 할 수 있다.

2. 사후적 권리구제

사후적 권리구제란 납세자가 세금의 처분이나 징수가 위법하다고 판단하거나 필요한 처분을 받지 못하여 납세자의 권익을 침해당하는 경우 납세자가 이를 법적으로 다투어 그 권리를 보호할 수 있도록 하는 조세불복제도를 의미한다.

(1) 이의신청, 심사청구, 심판청구

우선 납세의무자는 이의신청을 거쳐 심사청구 또는 심판청구를 할 수 있다. 이의신청은 심사청구나 심판청구를 하기 전에 세무서장 또는 지방국세청장에게 신청하는 임의절차이다. 만약 이의신청에서 납세자의 주장이 받아들여지지 않고 기각되었을 경우, 심사청구 또는 심판청구 중 어느 하나를 선택하여 이의를 제기할 수 있다. 또는 이의신청을 거치지 않고 곧바로 심사청구 또는 심판청구를 할 수도 있으며, 이상의 방법들을 거치지 않고 바로 감사원에 심사청구를 할 수 있다. 다만, 이의신청을 거친 경우에는 감사원에 심사청구를 제기할 수 없다.

1) 이의신청

이의신청은 납세고지를 받은 날 또는 세금부과 사실을 안 날로부터 90일 이내에 고지한 세무서 또는 소관 지방국세청에 한다. 세무서에 과세전적부심사를 청구한 경우에는 소관 지방국세청에 이의신청을 해야 한다. 이의신청을 청구한 날로부터 30일 이내에 결정하여 그 결과를 통지한다. 다만, 이의신청인이 당초 결정기간(30일)내에 항변서를 제출하는 경우에는 60일 이내에 결정하고 그 결과를 통지한다.

2) 심사청구 및 심판청구

심사청구 또는 심판청구는 세금의 고지를 받은 날 또는 세금부과 사실을 안 날로부터 90일 이내에 제기할 수 있다. 이의신청을 한 경우에는 이의신청의 결정통지를 받은 날로부터 90일 이내에 심사 또는 심판청구를 할 수 있다. 심사청구서 및 심판청구서는 관할세무서에 제출하고, 이를 접수한 날로부터 90일 이내에 결정하여 그 결과를 통지한다.

〈표 2〉 이의신청 · 심사청구 · 심판청구

구분	이의신청 (임의절차)	심사청구	심판청구	감사원 심사청구
청구기관	세무서장 또는 지방국세청장	국세청장	조세심판원장	감사원장
청구기간	처분이 있은 것을 안 날부터 90일 이내	처분이 있은 것을 안 날 또는 이의신청 결정통지를 받은 날부터 90일 이내	좌동	심사청구의 원인이 있는 것을 안 날부터 90일 이내, 그 행위가 있은 날부터 180일 이내
결정기관	국세심사위원회 심의를 거쳐 세무서장 또는 지방국세청장	국세심사위원회 심의를 거쳐 국세청장	조세심판관회의 또는 조세심판관 합동회의	감사원장
결정기간	신청을 받은 날부터 30일 이내 (항변시 60일 이내)	청구일부터 90일 이내	좌동	3개월 이내

(2) 조세소송

심사청구나 심판청구를 통해서도 권리구제를 받지 못하였다면 납세의무자는 조세소송을 제기할 수 있다. 다만, 행정심판전치주의에 따라 조세소송은 심사청구, 심판청구 및 감사원 심사청구의 불복절차를 거친 후에 제기할 수 있다. 조세소송은 불복제도의 결정통지를 받은 날로부터 90일 이내에 해당 세무관서를 관할하는 법원에 제기하면 된다.

그림 1 조세구제제도

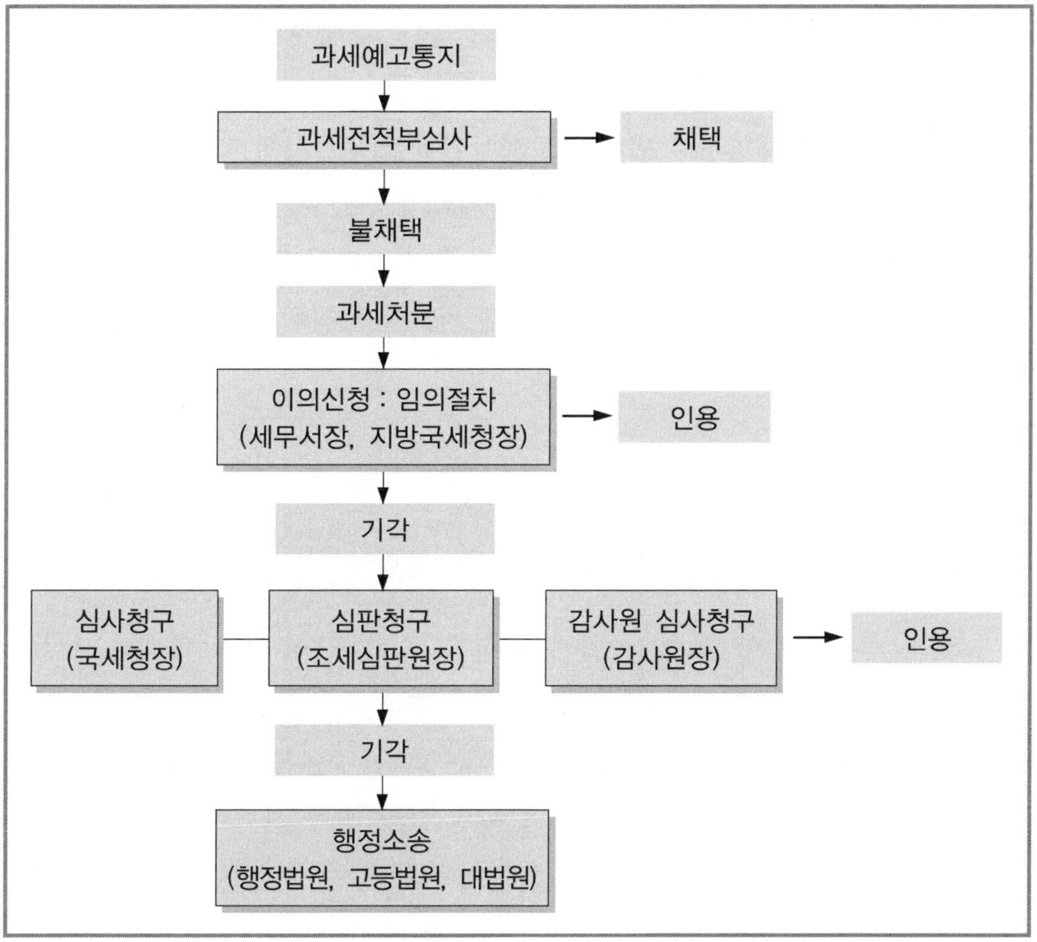
과세예고통지
과세전적부심사
채택
불채택
과세처분
이의신청 : 임의절차
(세무서장, 지방국세청장)
인용
기각
심사청구
(국세청장)
심판청구
(조세심판원장)
감사원 심사청구
(감사원장)
인용
기각
행정소송
(행정법원, 고등법원, 대법원)

제 04 절 탈세제보

탈세제보란 특정 개인이나 법인의 탈세사실을 세무관서에 제공하는 것을 말한다. 다만, 제보자의 주장 뿐만 아니라 탈세자의 인적사항과 탈세사실을 뒷받침할 수 있는 구체적인 내용과 증빙서류 등을 세무관서에 제공해야 한다.

제보자가 탈루세액을 산정하는 데 중요한 자료를 제공하는 등의 일정 기준을 충족한다면, 탈세제보포상금을 지급한다.

(1) 제보의 유형

탈세제보포상금의 지급대상이 되는 중요한 자료란 다음을 포함한다.

- 조세 탈루를 입증할 수 있는 거래처, 품목, 수량, 금액 등 구체적인 사실이 기재된 자료나 소재에 관한 정보
- 회계부정 등 비밀자료, 부동산 투기거래, 상속·증여세 탈루 관련 정보
- 밀수, 마약 등 반사회적인 행위로서 조세 탈루 관련 자료
- 그 밖에 조세 탈루의 수법, 규모, 정황 등으로 보아 중요한 자료로 인정 되는 자료

단, 다음의 경우에는 탈세제보포상금의 지급대상이 되지 않는다.

- 가명이나 제 3자의 명의로 자료를 제공한 경우
- 공무원이 직무와 관련하여 자료를 제공한 경우
- 무분별한 추측성 탈세제보, 제보가 없더라도 충분히 알 수 있는 보도내용 등의 자료
- 자료제출 당시에 조사 진행 중인 납세자의 자료 등을 제공한 경우

(2) 포상금의 지급기준

탈세제보포상금은 탈세제보로 인한 탈세조사에서 탈루세액 등이 5천만원 이상 추징되고, 불복청구 절차가 종료되어 부과처분 등이 납부완료된 경우 지급된다. 단, 탈세제보포상금은 40억원을 한도로 한다.

〈표 3〉 탈세제보포상금 지급기준

5천만원 이상 5억원 미만	추징세액의 20%
5억원 이상 20억원 미만	1억원+ 5억원 초과금액의 100분의 15
20억원 이상 30억원 미만	3억 2천5백만원+20억원 초과금액의 100분의 10
30억원 이상	4억 2천5백만원+30억원 초과금액의 100분의 5

김 정 민

약 력

경제학 박사
(전) 대구지방국세청 국세심사위원회 위원
(현) 계명대학교 회계세무학과 교수

김 영 화

약 력

공인회계사, 세무사
(전) 조세심판원 비상임심판관
선진회계법인 이사
(현) 계명대학교 회계세무학과 교수

생활속 세금이야기

발 행 일 / 2025년 6월 25일 초 판 인쇄
2025년 6월 30일 초 판 발행
저 자 / 김정민 · 김영화
발 행 인 / 유 광 석
발 행 처 / 탑 21 북스
주 소 / 04607 서울특별시 중구 다산로15길 28
전 화 / (02) 2232-5266(代)
팩 스 / (02) 2253-2209
등 록 / 제2-2886호
E-mail / book@top21books.co.kr
http://www.top21books.co.kr

정가 **19,000**원 ISBN 978-89-5661-552-3 93320